Educación teológica en 2050

Educación teológica en 2050

Inteligencia artificial, ministerio y el futuro de la formación espiritual

bajo la supervisión de
Heather Shellabarger

Elementos esenciales de la teología

Library of Congress Cataloging-in-Publication Data
Datos de catalogación en publicación de la Biblioteca del Congreso

Heather Shellabarger (creador).
[Theological Education in 2050: AI, Ministry, and the Future of
Formation / Heather Shellabarger]
Educación teológica en 2050: Inteligencia artificial, ministerio y el futuro
de la formación espiritual / Heather Shellabarger
168 + x pp. cm. 12.7 x 20.32
ISBN 979-8-89731-929-9 (Libro de bolsillo)
ISBN 979-8-89731-223-8 (E-libro)
ISBN 979-8-89731-230-6 (Kindle)

      1. Educación teológica—Predicciones.
      2. Inteligencia artificial—Aspectos religiosos—
      Cristianismo.
      3. Clero—Formación—Predicciones.

BV4012 .S5418 2025

*Este libro está disponible como un libro de acceso abierto en varios
idiomas en www.DTLPress.com*

Imagen de la portada: Creado por Heather Shellabarger, con ayuda de IA

Contenido

Prefacio de la Serie

La inteligencia artificial (IA) está cambiando todo, incluida la educación y la investigación teológica. Esta serie, *Elementos esenciales de la teología (Theological Essentials),* está diseñada para aprovechar el potencial creativo de la IA en el ámbito de la educación teológica. En el modelo tradicional, un académico con dominio del discurso teológico y una trayectoria docente exitosa pasaría varios meses —o incluso años— escribiendo, revisando y reescribiendo un texto introductorio. Luego, este texto sería transferido a una editorial que invertiría meses o años en los procesos de producción. Aunque el producto final era predecible, este proceso lento y costoso elevaba el precio de los libros de texto. Como resultado, los estudiantes de países desarrollados pagaron más de lo debido por los libros, y los estudiantes de países en desarrollo generalmente no tuvieron acceso a estos libros de texto (de costo prohibitivo) hasta que aparecieron como descartes y donaciones décadas después. En generaciones anteriores, la necesidad de garantizar la calidad —en forma de generación de contenido, revisión experta, edición y tiempo de impresión— pudo haber hecho inevitable este enfoque lento, costoso y excluyente. Sin embargo, la IA lo está cambiando todo.

Esta serie es diferente; está creada por IA. La portada de cada volumen identifica la obra como "creada bajo la supervisión de" un experto en el campo. Sin embargo, esa persona no es un autor en el sentido tradicional. El creador de cada volumen ha sido capacitado por el personal de la Digital Theological Library (DTL) en el uso de IA y ha empleado la IA para generar, editar, revisar y recrear el texto que se presenta. Con este proceso de creación claramente identificado, presentamos los objetivos de esta serie.

Nuestros Objetivos

Credibilidad: Aunque la IA ha logrado—y sigue logrando—avances significativos en los últimos años, ninguna IA sin supervisión puede crear un texto verdaderamente confiable o plenamente acreditado a nivel universitario o de seminario. Las limitaciones del contenido generado por IA a veces surgen de deficiencias en los datos de entrenamiento, pero más a menudo la insatisfacción de los usuarios con el contenido generado por IA proviene de errores humanos en la formulación de indicaciones (prompt engineering). DTL Press ha trabajado para superar ambos problemas contratando académicos con experiencia reconocida para supervisar la creación de los libros en sus respectivas áreas de especialización y capacitándolos en el uso de IA para la generación de contenido. Para mayor claridad, el académico cuyo nombre aparece en la portada ha creado el volumen, generando, leyendo, regenerando, releyendo y revisando el trabajo. Aunque el contenido ha sido generado en diversos grados por IA, la presencia de los nombres de nuestros académicos en la portada garantiza que el contenido es tan confiable como cualquier otro texto introductorio elaborado mediante el modelo tradicional.

Estabilidad: La IA es generativa, lo que significa que la respuesta a cada indicación se genera de forma única para esa solicitud específica. No hay dos respuestas generadas por IA exactamente iguales. La inevitable variabilidad de las respuestas de la IA representa un importante desafío pedagógico para profesores y estudiantes que desean iniciar sus debates y análisis basándose en un conjunto compartido de ideas. Las instituciones educativas necesitan textos estables para evitar el caos pedagógico. Estos libros proporcionan ese texto estable a partir del cual enseñar, debatir y fomentar ideas.

Accesibilidad económica: DTL Press está comprometida con la idea de que el costo no debe ser una barrera para el conocimiento. *Todas las personas tienen el mismo derecho a aprender y comprender.* Por ello, todas las versiones electrónicas de los libros publicados por DTL Press están disponibles de forma gratuita en las bibliotecas de la DTL, y las versiones impresas se pueden obtener por un precio nominal. Expresamos nuestro agradecimiento a los académicos que contribuyen con su labor y han optado por renunciar a los esquemas tradicionales de regalías. (Nuestros creadores reciben compensación por su trabajo generativo, pero no perciben regalías en el sentido tradicional).

Disponibilidad global: DTL Press desea ofrecer libros de texto introductorios de alta calidad y bajo costo a todos, en todo el mundo. Los libros de esta serie están disponibles de inmediato en varios idiomas. DTL Press creará traducciones a otros idiomas si se solicita. Las traducciones son, por supuesto, generadas por IA.

Nuestras Limitaciones Reconocidas

Algunos lectores probablemente pensarán: "pero la IA solo puede producir investigación derivativa; no puede crear estudios innovadores y originales." Esta crítica es, en gran medida, válida. La IA se limita principalmente a agrupar, organizar y reformular ideas preexistentes, aunque en ocasiones de formas que pueden acelerar y refinar la producción de nuevas investigaciones. Aun reconociendo esta limitación inherente, DTL Press ofrece dos comentarios:

(1) Los textos introductorios rara vez buscan ser innovadores en su originalidad y (2) DTL Press cuenta con otras series dedicadas a la publicación de investigación original con autoría tradicional.

Nuestra Invitación

DTL Press busca transformar el mundo de la publicación académica en el ámbito teológico de dos maneras. En primer lugar, queremos generar textos introductorios en todas las áreas del discurso teológico, de modo que nadie se vea obligado a "comprar un libro de texto" en ningún idioma. Nos imaginamos un futuro en el que los profesores puedan utilizar uno, dos o incluso una serie completa de estos libros como textos introductorios en sus cursos. En segundo lugar, buscamos publicar monografías académicas con autoría tradicional para su distribución gratuita en acceso abierto, dirigidas a una audiencia académica avanzada.

Finalmente, DTL Press es una editorial no confesional, por lo que publicará obras en cualquier área de los estudios religiosos. Los libros de autoría tradicional son sometidos a revisión por pares, mientras que la creación de libros introductorios generados por IA está abierta a cualquier experto con la preparación adecuada para supervisar la generación de contenido en su respectiva área de especialización.

Si compartes el compromiso de DTL Press con la credibilidad, accesibilidad económica y disponibilidad global, te invitamos a participar en esta iniciativa y contribuir a cambiar el mundo de la publicación teológica, ya sea a través de esta serie o mediante libros de autoría tradicional.

Con grandes expectativas,

Thomas E. Phillips

Director Ejecutivo de DTL Press

Introducción
La educación teológica en un mundo modelado por la IA

La educación teológica siempre ha vivido en la encrucijada de la continuidad y el cambio. A lo largo de los siglos, los seminarios y las escuelas de teología han buscado formar líderes fieles transmitiendo la riqueza de la tradición cristiana, a la vez que responden a las condiciones cambiantes de la cultura. Hoy, nos encontramos en otro momento crucial. La inteligencia artificial ya no es una perspectiva lejana, sino una realidad cotidiana que transforma la forma en que nos comunicamos, aprendemos, trabajamos e incluso imaginamos lo que significa ser humanos. Para la educación teológica, esto representa no solo una disrupción técnica, sino un desafío espiritual y moral.

La llegada de la IA nos obliga a replantearnos las preguntas más fundamentales: ¿Qué es el ser humano, creado a imagen de Dios, en una era donde las máquinas parecen pensar? ¿Qué significa la revelación cuando los algoritmos pueden generar sermones y oraciones? ¿Cómo entendemos el pecado, la justicia y la redención cuando los sistemas tecnológicos magnifican tanto la creatividad humana como su caída? ¿Y cómo pueden los educadores teológicos formar líderes que den testimonio de Cristo en medio de las promesas y los peligros de la inteligencia artificial?

Este libro está escrito con la convicción de que la educación teológica no debe ceder ante el miedo ni

1

precipitarse a una adopción acrítica de la tecnología. En cambio, debe conectar con la IA con las herramientas que mejor conoce: la Escritura, la doctrina, la oración, el discernimiento y la vida de la iglesia. Nuestro objetivo no es convertir los seminarios en academias de programación, sino capacitarlos para que se conviertan en comunidades de sabiduría y presencia, donde los estudiantes aprendan a poner a prueba el espíritu de la tecnología y a discernir formas fieles de vivir y liderar en un mundo digital.

Los capítulos siguientes abordan diversas inquietudes teológicas y pedagógicas. Comenzamos con cuestiones de antropología, revelación y responsabilidad, preguntándonos cómo la IA desafía las doctrinas fundamentales de la fe. Luego, nos centramos en la pedagogía, explorando cómo la presencia, la formación y la integridad deben rearticularse en una cultura digital. Los capítulos posteriores abordan la justicia, las perspectivas globales y el diseño curricular, situando la educación teológica en los debates culturales y éticos más amplios que suscita la IA. Cada capítulo busca combinar una reflexión teológica rigurosa con orientación práctica para educadores, pastores y estudiantes.

Subyacente a todo esto se encuentra la convicción de que la educación teológica es en sí misma una forma de tecnología espiritual: un conjunto de prácticas, relaciones y disciplinas mediante las cuales el Espíritu moldea a los seres humanos para la comunión con Dios y el servicio al mundo. Si la IA es una de las fuerzas que definen el siglo XXI, la educación teológica debe formar líderes capaces de proclamar con claridad y valentía que Cristo (no el código) es el Señor. Al recuperar esta visión, la educación teológica puede dar un testimonio fiel en 2050 y más allá, preparando a la iglesia para un futuro que ya está llegando.

Capítulo 1
Una historia de disrupción tecnológica en la educación teológica

Introducción
Teología, tecnología y transformación

La educación teológica nunca ha existido aislada. Desde las primeras tradiciones orales hasta las aulas digitales, la teología siempre se ha mediado a través de las herramientas y tecnologías de su tiempo. Cada nuevo medio no solo ha transmitido contenido teológico, sino que ha moldeado las formas en que se forma, transmite y materializa el conocimiento teológico. Este capítulo rastrea la interacción histórica entre los cambios tecnológicos y la educación teológica para ilustrar cómo llegamos al inicio de la era de la IA.

De hecho, la educación teológica ha estado en constante diálogo con los avances culturales, filosóficos y tecnológicos de su época. Históricamente, la iglesia ha utilizado todas las herramientas disponibles para proclamar el evangelio, formar discípulos y capacitar líderes. Pero cada desarrollo tecnológico también ha planteado profundas preguntas sobre la autoridad, la formación, la comunidad y la naturaleza misma de la revelación divina. Las tecnologías nunca son neutrales; moldean las preguntas que formulamos, los métodos que empleamos y el tipo de personas en las que nos convertimos.

Hoy, al estar a punto de que la inteligencia artificial transforme cada faceta de la vida humana, la educación teológica se enfrenta a nuevos desafíos. La IA no es simplemente un nuevo medio de enseñanza, sino un nuevo panorama epistemológico y ontológico. Desafía nuestra comprensión de lo que significa saber, enseñar, aprender e incluso ser humano. Para responder con fidelidad, primero debemos mirar atrás para ver cómo la educación teológica ha sido moldeada por las revoluciones tecnológicas anteriores y luego mirar hacia el futuro con imaginación profética.

Rollos, códices y el auge de la teología textual

La Iglesia primitiva nació en una cultura oral, pero la palabra escrita se convirtió rápidamente en un elemento central para la transmisión de la enseñanza cristiana. La transición de los pergaminos a los códices facilitó la consulta y la compilación de las Escrituras, lo que impulsó el proceso de canonización y el auge de los textos teológicos. Este desarrollo orientó la formación teológica hacia un modelo centrado en el texto, privilegiando la alfabetización y la capacidad interpretativa.

Los scriptoria monásticos medievales, con su meticulosa copia de manuscritos, se convirtieron en lugares de preservación y producción teológica. El ritmo monástico de lectura, escritura y contemplación integró el estudio teológico en una vida comunitaria profundamente arraigada. Aquí, la tecnología sirvió al lento trabajo de formación.

La imprenta y la democratización de la doctrina

La llegada de la imprenta en el siglo XV desencadenó una revolución teológica. Las 95 Tesis de Martín Lutero no fueron solo una provocación teológica, sino un acontecimiento tecnológico, ampliamente difundido por la prensa. La Reforma reveló cómo la tecnología podía amplificar el conflicto teológico y democratizar el discurso teológico.

Seminarios y universidades comenzaron a formarse en torno a esta nueva cultura de la palabra impresa. La educación teológica se volvió cada vez más estructurada, sistemática y basada en libros. Los debates doctrinales se llevaron a cabo en formato impreso, y la autoridad eclesial fue cuestionada por un laicado recién alfabetizado. La tecnología transformó no solo el método teológico, sino también la autoridad eclesial y las estructuras educativas.

La radio, la televisión y la era de la teología de la radiodifusión

El siglo XX presenció el auge de las tecnologías de la comunicación, introduciendo nuevas plataformas para la comunicación teológica. Evangelistas como Billy Graham alcanzaron audiencias globales a través de la radio y la televisión, marcando un cambio hacia una experiencia religiosa mediática masiva. La educación teológica comenzó a abordar nuevas preguntas: ¿Cómo debe formarse la fe en una era mediática? ¿Qué significa discipular a personas que tal vez nunca conozcamos en persona?

Los seminarios experimentaron con la educación a distancia, a menudo mediante correspondencia o programas de radio. Si bien estas modalidades carecían de la profundidad comunitaria y encarnacional del aprendizaje presencial, marcaron un intento temprano de ampliar el acceso y adaptar la pedagogía a los cambios tecnológicos.

El giro digital
Aprendizaje en línea y teología abierta

Internet catalizó el cambio más significativo en la educación teológica desde la imprenta. Surgieron plataformas de aprendizaje en línea que permitieron la educación teológica asincrónica en diferentes zonas horarias y continentes. Proliferaron los recursos teológicos de código abierto y comenzaron a desarrollarse conversaciones teológicas globales en espacios digitales.

Los sistemas de gestión del aprendizaje (LMS) como Moodle, Blackboard y, posteriormente, Canvas y Google Classroom, se convirtieron en elementos fundamentales para la impartición de cursos en seminarios. Estas herramientas permitieron un contenido teológico modular, personalizable y accesible. Las instituciones teológicas comenzaron a ofrecer programas de grado completamente en línea, transformando el panorama de la formación ministerial y la investigación teológica.

La teología abierta también surgió como una fuerza democratizadora. Blogs, podcasts, canales de YouTube y cursos gratuitos de seminarios crearon un ecosistema de participación teológica descentralizada. Académicos independientes, voces marginadas y profesionales ajenos a las instituciones académicas tradicionales encontraron plataformas para contribuir al discurso teológico. Esto trajo consigo una bienvenida diversificación de voces, pero también introdujo el desafío de la fragmentación teológica y la pérdida de una base epistémica compartida.

La comunidad, que antes se formaba en los servicios religiosos, las aulas y las comidas compartidas, ahora debía cultivarse mediante foros de discusión, videoconferencias y reuniones virtuales de oración. Si bien muchas instituciones han logrado grandes avances en el desarrollo de prácticas digitales de formación espiritual, otras tienen dificultades para fomentar un sentido de pertenencia y responsabilidad en contextos virtuales.

Además, la facilidad de acceso a la información transformó el rol del profesorado, que pasó de ser proveedor de contenido a ser curador, mentor y facilitador de la formación. El profesorado tuvo que adaptarse a la enseñanza en formatos multimodales, incorporando medios digitales, herramientas colaborativas e incluso redes sociales como parte de sus herramientas pedagógicas. Esto transformó no solo el «cómo» de la enseñanza, sino también el «por qué», cuestionando los objetivos últimos de la educación teológica en una era de abundancia de información.

Inteligencia artificial
Un nuevo umbral

La IA no representa simplemente otra herramienta tecnológica, sino una forma fundamentalmente diferente de interactuar con el conocimiento, la interpretación y la formación. A diferencia de herramientas anteriores que ampliaban la comunicación humana, los sistemas de IA ahora pueden analizar, generar e incluso imitar el razonamiento teológico. Participan en procesos de discernimiento, interpretación e incluso creatividad.

Los modelos de IA, como los grandes transformadores de lenguaje, son capaces de componer oraciones, sermones, ensayos teológicos y comentarios bíblicos. Estos resultados, si bien son sintácticamente convincentes, plantean importantes preguntas sobre la autoría, la autenticidad y la integridad teológica. ¿Qué sucede cuando se percibe que las máquinas poseen una visión espiritual? ¿Puede la IA ser coautora de la teología, o su falta de encarnación y relación con Dios le impide desarrollar un verdadero discurso teológico?

La IA también altera las epistemologías tradicionales. Mientras que la formación teológica históricamente ha enfatizado la interacción lenta, dialógica y contemplativa con textos y tradiciones, la IA ofrece síntesis y análisis instantáneos. Este cambio corre el riesgo de sustituir el aprendizaje formativo por resultados performativos, socavando la paciencia, la humildad y la disciplina espiritual, pilares de la investigación teológica.

Desde el punto de vista pedagógico, las herramientas de IA presentan tanto oportunidades como tentaciones. Por un lado, pueden servir como apoyo para la lluvia de ideas, la traducción y la tutoría. Por otro, pueden facilitar atajos que eviten la lucha esencial para el crecimiento espiritual. Los educadores deben preguntarse: ¿Cómo cultivamos virtudes como la sabiduría, el discernimiento y la humildad en un contexto donde las respuestas están disponibles de inmediato, pero rara vez son transformadoras?

En términos de comunidad y formación, la IA desafía el rol de la presencia. Están surgiendo capellanes virtuales, robots de atención pastoral impulsados por IA y prácticas espirituales controladas por algoritmos. Esto plantea profundas preocupaciones sobre la naturaleza de la empatía, la necesidad de la presencia humana y la calidad sacramental de las relaciones humanas en el ministerio. A medida que estas herramientas evolucionan, la educación teológica debe abordar no solo su utilidad, sino también su verosimilitud teológica.

Éticamente, la IA plantea a los educadores cuestiones de justicia, sesgo, vigilancia y poder. Los sistemas de IA suelen reflejar los valores y supuestos de sus creadores. Si no se controlan, corren el riesgo de perpetuar sesgos teológicos, culturales y raciales. Por lo tanto, las instituciones teológicas deben abordar la IA de forma crítica, formando estudiantes capaces de analizar y cuestionar estos sistemas desde una perspectiva de justicia evangélica y testimonio profético.

Al prepararnos para el año 2050, los educadores teológicos deben reconocer que la IA no es solo una herramienta que integrar, sino un contexto que interpretar. Así como la imprenta dio origen a nuevos modos de aprendizaje y a la autoridad eclesial, la IA requerirá nuevas pedagogías, nuevas teologías y, quizás, nuevas comprensiones de lo que significa ser humano. El llamado no es solo a usar la IA eficazmente, sino a involucrarla teológicamente con vigilancia, creatividad y esperanza.

Conclusión
Aprendiendo del pasado, liderando hacia el futuro

Este capítulo ha analizado cómo los cambios tecnológicos han alterado y transformado repetidamente la educación teológica. Desde los pergaminos hasta las pantallas, cada transformación trajo consigo pérdidas y ganancias, desafíos y oportunidades. La historia de la educación teológica es una historia de adaptación, innovación y discernimiento.

Al mirar hacia un futuro cada vez más mediado por la IA, se nos invita no solo a responder pragmáticamente, sino también a liderar proféticamente. La tarea que tenemos por delante no es simplemente adoptar nuevas tecnologías, sino formar una imaginación teológica capaz de interpretar y moldear el mundo que estas crean.

Esto requiere un compromiso renovado con las virtudes teológicas de la sabiduría, la humildad, la justicia y la esperanza, como fundamento de nuestras pedagogías y misiones institucionales. Debemos cultivar líderes que no solo dominen las tecnologías digitales, sino que también tengan una base espiritual sólida, capaces de afrontar la complejidad con discernimiento y gracia.

También exige valentía institucional. Los seminarios y las escuelas de teología deben estar dispuestos a reimaginar modelos obsoletos, aceptar la experimentación e invertir en el desarrollo del profesorado que fomente el compromiso teológico con la IA. La colaboración con especialistas en ética, tecnólogos y comunidades cristianas globales será esencial para dar forma a una respuesta holística y fiel.

Sobre todo, el futuro de la educación teológica debe permanecer ligado a su vocación más profunda: formar personas capaces de dar testimonio del evangelio en su tiempo. Este testimonio será diferente en 2050, pero su esencia permanece inalterada: amar a Dios y al prójimo, buscar la verdad y la justicia, y participar en la obra redentora de Dios, incluso en medio de la disrupción digital.

La historia de la educación teológica aún se está escribiendo. Con valentía, creatividad y comunión, podemos forjar un futuro donde la iglesia esté preparada no solo para sobrevivir a la era de la IA, sino para prosperar en ella con fidelidad, proféticamente y encarnacionalmente.

Capítulo 2
La inteligencia artificial como desafío teológico

Introducción
La teología en un nuevo terreno

La Inteligencia Artificial (IA) es más que un avance tecnológico; es un fenómeno intelectual, cultural y espiritual que desafía algunos de los supuestos más profundos de la teología cristiana. A medida que los sistemas de IA participan cada vez más en tareas interpretativas, creativas e incluso relacionales, plantean preguntas teológicas fundamentales: ¿Qué significa ser humano en un mundo de máquinas inteligentes? ¿Pueden las máquinas asumir responsabilidad moral? ¿Dónde está Dios en un mundo moldeado por la IA? Este capítulo explora cómo la IA plantea desafíos y oportunidades singulares para áreas clave de la teología cristiana.

Hablar teológicamente sobre la IA no es simplemente comentar sobre nuevas herramientas, sino abordar una realidad en desarrollo que reconfigura el conocimiento, la agencia, la encarnación y la comunidad. Los teólogos deben ir más allá de las cuestiones superficiales de utilidad para abordar las implicaciones más profundas que la IA tiene para las doctrinas de la creación, el pecado, la salvación y la escatología. Esto es especialmente urgente para quienes tienen la tarea de formar líderes cristianos para el ministerio y el testimonio en una cultura donde la IA media cada vez más en todo, desde la comunicación hasta la toma de decisiones morales.

El terreno en el que nos adentramos ahora está marcado tanto por la continuidad como por la ruptura. Las preguntas que plantea la IA evocan antiguas preocupaciones sobre el significado de ser humano, cómo se media el conocimiento y dónde se encuentra la sabiduría. Sin embargo, la escala, la velocidad y el alcance de la influencia de la IA representan algo novedoso, un cambio trascendental similar al impacto de la imprenta o el nacimiento de la era digital. Para los educadores teológicos, el desafío no consiste simplemente en seguir el ritmo del cambio tecnológico, sino en ayudar a la iglesia a discernir su significado, criticar sus ídolos e imaginar prácticas fieles de resistencia, integración e innovación.

A continuación, examinaremos cómo la IA se relaciona con áreas clave de la reflexión teológica, invitando tanto a la cautela como a la creatividad. En lugar de reaccionar únicamente con miedo o fascinación, la educación teológica en la era de la IA debe estar marcada por el discernimiento, una virtud cultivada en la oración, la comunidad, la tradición y la esperanza.

Antropología teológica
¿Qué es el ser humano?

En el corazón del desafío de la IA se encuentra la antropología teológica. La tradición cristiana ha sostenido durante mucho tiempo que los seres humanos fueron creados a imagen de Dios (*imago Dei*), dotados de razón, relacionalidad, creatividad y autonomía moral. Sin embargo, los sistemas de IA ahora exhiben comportamientos que imitan el razonamiento, el uso del lenguaje y la toma de decisiones humanos. Las máquinas ahora pueden mantener conversaciones, generar textos, interpretar datos, componer música e incluso interactuar emocionalmente con los usuarios de maneras que parecen auténticamente humanas. Este mimetismo tecnológico crea una profunda disrupción en la forma en que la sociedad define y valora la singularidad humana.

La cuestión teológica se vuelve aún más urgente considerando las narrativas populares que difuminan la línea entre lo humano y la máquina. Si la IA puede imitar la cognición y el comportamiento humanos, ¿disminuye esto la afirmación teológica de que los humanos están hechos a imagen de Dios? La respuesta no reside en refugiarse en el miedo o el misticismo, sino en regresar a una comprensión sólida y matizada de lo que significa ser portador de la *imago Dei* .

Tradicionalmente, la imagen de Dios se ha interpretado desde tres perspectivas principales: sustancial, funcional y relacional. Las perspectivas sustanciales asocian la *imago* con capacidades humanas específicas, como la racionalidad o el razonamiento moral, rasgos que la IA ahora imita. Las interpretaciones funcionales enfatizan el dominio y la creatividad humanos, áreas donde los sistemas de IA demuestran una creciente sofisticación. Sin embargo, la perspectiva relacional, basada en la naturaleza trina de Dios, enfatiza la comunión, el amor y la participación encarnada en relaciones de alianza. En este aspecto, la IA se queda corta.

La IA puede simular una conversación, pero no posee empatía, deseo ni una voluntad orientada a la comunión. No sufre, ni espera, ni reza. No anhela la trascendencia ni lamenta la pérdida de otro. Estas experiencias profundamente humanas no son accidentales a nuestra naturaleza, sino parte integral de nuestra vocación como seres creados para el amor, la vulnerabilidad y la adoración. La antropología teológica debe insistir en que la personalidad no puede reducirse a la capacidad de procesamiento o al rendimiento.

Además, el ser humano no es simplemente una inteligencia individual, sino una criatura formada en y para la comunidad. La *imago Dei* se realiza plenamente en relación con Dios y los demás, moldeada por la narrativa, la cultura, la encarnación y la formación espiritual. La IA, a pesar de todas sus capacidades, carece de historia, mortalidad y la capacidad de un amor de alianza. No puede recibir los sacramentos, hablar la verdad con amor ni llevar la cruz. Por lo tanto, la educación teológica en la era de la IA debe rearticular la dignidad humana no en competencia con las máquinas, sino en una fidelidad más profunda a la visión cristiana de la humanidad como portadores de la imagen de Dios, llamados a la vida.

Revelación e interpretación
¿Quién habla por Dios?

Los sistemas de IA entrenados con vastos textos teológicos y bíblicos ahora pueden generar sermones, comentarios y oraciones. Pueden analizar tendencias en el discurso religioso, detectar patrones temáticos en las Escrituras e incluso responder a preguntas espirituales con una fluidez impresionante. Estos avances han planteado profundos desafíos a la comprensión teológica de la revelación y su interpretación.

Tradicionalmente, la revelación en la teología cristiana se entiende como la autorrevelación de Dios, iniciada por Él y recibida por los seres humanos mediante el testimonio de las Escrituras, el testimonio de la iglesia y la morada del Espíritu Santo. La interpretación, a su vez, es un acto espiritual y comunitario que implica tanto la razón como la receptividad, fundamentado en la fe vivida de la comunidad cristiana. El auge de la producción teológica generada por IA (textos que pueden ser doctrinalmente precisos, estilísticamente elegantes y contextualmente perspicaces) plantea inquietantes preguntas sobre la autenticidad, la autoridad y el discernimiento espiritual.

¿Puede decirse que las palabras producidas por los sistemas de IA contienen verdad, o solo la apariencia de la verdad? ¿Son capaces de dar testimonio de la revelación divina, o son reflejos de la probabilidad estadística extraída de conjuntos de datos masivos? Estas preguntas nos desafían a distinguir entre información y revelación, entre precisión lingüística y profundidad espiritual. Si bien la IA puede ofrecer resúmenes útiles o imitar el tono de la introspección espiritual, carece de conciencia, intención y capacidad de discernimiento espiritual. No puede ser guiada por el Espíritu ni participar en la entrega devota ni en la reflexión teológica.

Además, la interpretación nunca es una tarea neutral ni meramente intelectual. Se ve influenciada por los compromisos, las tradiciones y el compromiso existencial de cada uno con el Dios vivo. Los sistemas de IA no rezan, no lloran por un texto ni se responsabilizan de las afirmaciones teológicas que generan. No pueden ser considerados responsables como lo son los intérpretes humanos. Esta ausencia de responsabilidad moral y espiritual limita decisivamente el papel de la IA en el discurso teológico.

Sin embargo, esto no significa que la IA no tenga un papel que desempeñar. Puede servir como herramienta que apoya la reflexión teológica humana, ayudando en la investigación, identificando patrones en las Escrituras u ofreciendo ideas creativas para el desarrollo homilético. Pero su función debe ser secundaria, siempre interpretada y enmarcada por seres humanos cuya imaginación teológica se moldea por las Escrituras, la tradición, la experiencia y la razón en el contexto de la fe.

En una época en la que las voces sintéticas pueden influir cada vez más en la conversación teológica, la educación teológica debe enseñar a los estudiantes a poner a prueba los espíritus, a ejercitar el discernimiento crítico y espiritual, y a priorizar la formación sobre la información. El objetivo no es simplemente producir textos teológicamente coherentes, sino formar personas teológicamente sabias. En última instancia, la revelación no es una cuestión de resultados algorítmicos, sino de encuentros divinos mediados por la carne y la historia, proclamados por profetas y pastores, y recibidos por comunidades reunidas en el culto y el testimonio.

El pecado, la caída y la agencia de la máquina

¿Puede la IA pecar? ¿Se le puede exigir responsabilidad por acciones que dañan a otros? Estas preguntas provocadoras revelan las complejidades teológicas de la agencia en un mundo cada vez más moldeado por las máquinas. Desde una perspectiva teológica cristiana, el pecado no es simplemente la violación de un código moral, sino una ruptura relacional, un alejamiento de Dios, del prójimo y de la creación. Implica intención, voluntad y conciencia moral. La IA, tal como existe actualmente, no posee ninguna de estas. Opera mediante algoritmos y predicción estadística. Carece de conciencia, capacidad de autoexamen, culpa y anhelo de perdón. Por lo tanto, la IA no puede pecar en sentido teológico.

Sin embargo, las acciones de los sistemas de IA pueden causar daño. Los algoritmos sesgados pueden negar oportunidades, el software de reconocimiento facial puede identificar erróneamente a personas por su raza, y los modelos generativos pueden difundir desinformación o replicar marcos teológicos opresivos. En cada uno de estos casos, el daño es real, pero la responsabilidad moral no recae en la máquina, sino en los seres humanos que diseñan, implementan y no regulan estas tecnologías. El pecado, entonces, no reside en la máquina, sino en los sistemas humanos de poder, lucro y control que configuran cómo se crea y utiliza la IA.

El discurso teológico debe atender no solo al comportamiento de las máquinas, sino también a las motivaciones y estructuras que rigen su desarrollo. La idolatría de la salvación tecnológica, la creencia de que la innovación puede redimir al mundo sin necesidad de arrepentimiento ni gracia, es una tentación particularmente insidiosa. Fomenta una cultura donde se prioriza la eficiencia sobre la justicia, se prefiere el control a la comunión y el valor humano se mide por la productividad en lugar de la dignidad. En este ecosistema, la IA se convierte en un reflejo de la caída humana, amplificando la fragilidad ya presente en nuestros corazones e instituciones.

El arrepentimiento en la era de la IA debe implicar más que la contrición individual. Debe incluir reformas institucionales, gobernanza ética y la voluntad de denunciar y resistir las injusticias sistémicas arraigadas en las infraestructuras tecnológicas. Esto incluye plantear preguntas difíciles sobre qué voces se excluyen de los datos de entrenamiento de la IA, qué cuerpos son vigilados por herramientas de IA y qué intereses se benefician de las ganancias de la automatización. La iglesia y la academia teológica tienen un papel vital que desempeñar en el cultivo de una imaginación moral que considere la tecnología no como algo neutral, sino como un terreno profundamente moral y espiritual.

En definitiva, la IA nos reta a ampliar nuestra comprensión de la responsabilidad humana. No solo somos responsables de nuestras propias acciones, sino también de los sistemas que construimos, las herramientas en las que confiamos y el poder que ejercemos. La respuesta teológica a la IA debe partir de un renovado sentido de vocación: amar al prójimo, cuidar la creación y resistir los poderes (tecnológicos o de otro tipo) que distorsionan la imagen de Dios en nosotros mismos y en los demás.

Escatología y esperanza en un futuro poshumano

En los discursos contemporáneos en torno a la inteligencia artificial, las visiones del futuro suelen oscilar entre dos extremos: fantasías utópicas de trascender las limitaciones humanas mediante la integración tecnológica y temores distópicos a la obsolescencia humana o a la dominación por sistemas autónomos. Las narrativas populares sobre la "singularidad" o la convergencia entre humanos y máquinas prometen una especie de salvación, una vía de escape a la mortalidad, el sufrimiento y la limitación. En contraste, las advertencias apocalípticas visualizan la

IA como una amenaza para la supervivencia humana, la autonomía moral o la cohesión social. Ambas visiones reflejan profundas ansiedades y deseos culturales, pero ninguna se fundamenta en la visión teológica de la escatología cristiana.

La esperanza cristiana no se basa en el progreso tecnológico ni en la regresión, sino en la promesa de una nueva creación, la restauración y el cumplimiento de todas las cosas en Cristo. La escatología nos recuerda que la historia no carece de propósito, ni está gobernada en última instancia por algoritmos, mercados o inteligencia artificial. Más bien, está dirigida por los propósitos redentores de Dios, quien da vida a la muerte y crea belleza del caos. Este horizonte teológico ofrece una alternativa tanto al tecnooptimismo como a la desesperación fatalista. Sitúa la esperanza no en la innovación humana, sino en la gracia divina.

En este contexto, las fantasías poshumanas de trascender la corporización, adquirir consciencia o alcanzar la inmortalidad digital contrastan marcadamente con la afirmación cristiana de la resurrección del cuerpo. La promesa escatológica no es la eliminación de la condición humana, sino su transformación. Afirma la bondad de la creación, la dignidad de la vida corpórea y el valor perdurable de la presencia relacional. La escatología cristiana no imagina una huida de la finitud, sino la comunión con Dios y con los demás en una creación renovada.

Además, la imaginación escatológica potencia la resistencia. Libera a la iglesia del cautiverio del determinismo tecnológico y la capacita para criticar las estructuras injustas que se proclaman inevitables. Llama a la iglesia a dar testimonio, no mediante el dominio de las herramientas, sino mediante la fidelidad al Cristo

23

sufriente, cuyo reino no llega mediante la dominación, sino mediante el amor cruciforme. La esperanza del evangelio no es que las máquinas perfeccionen el mundo, sino que Dios lo redima, incluso las partes corrompidas por el mal uso humano de la tecnología.

Por lo tanto, la educación teológica debe cultivar el discernimiento escatológico. Los estudiantes deben aprender a interpretar las narrativas culturales del futuro considerando la historia bíblica de la redención. Deben estar capacitados para ofrecer una visión alternativa, una que no se caracterice por el miedo ni la fantasía, sino por la esperanza paciente, cimentada en las promesas de Dios. En la era de la IA, esto significa enseñar no solo sobre algoritmos, sino también sobre literatura apocalíptica, no solo sobre ética, sino también sobre el fin de todas las cosas en Cristo.

En definitiva, la escatología cristiana no ofrece un plan para el futuro, sino una visión de significado último. Ancla la dignidad humana en la fidelidad de Dios e invita a la iglesia a encarnar la esperanza en un mundo que a menudo confunde inteligencia con sabiduría, velocidad con propósito e innovación con salvación. Desde esta perspectiva, el futuro poshumano no es una amenaza para la esperanza teológica, sino una invitación a proclamarla con mayor claridad y valentía.

Cristología y la singularidad de la encarnación

En una era donde la presencia digital, los avatares virtuales y las interacciones incorpóreas se normalizan cada vez más, la afirmación teológica de la Encarnación (Dios hecho carne) contrasta marcadamente. La doctrina de la Encarnación no es una simple declaración sobre el pasado; es una confesión fundamental sobre la naturaleza de Dios y la importancia de la encarnación, la relacionalidad y la vulnerabilidad. Jesucristo, plenamente divino y plenamente humano, no vino como un flujo de datos ni una proyección remota, sino en un cuerpo humano real, nacido en un tiempo y lugar específicos, y formado por la cultura, el idioma y la historia. El Verbo se hizo carne, no código.

Esta afirmación cristológica tiene profundas implicaciones en nuestra concepción de la inteligencia artificial. La IA, por sofisticada que sea, carece de la capacidad de habitar un cuerpo, de sufrir, de sangrar o de morir. No puede sentir hambre, llorar ante la tumba de un amigo ni sudar sangre en un jardín. Estas no son experiencias humanas incidentales, sino centrales para el evangelio. La historia cristiana es una de solidaridad divina con la fragilidad humana, no de trascendencia de ella. Al encarnarse, Cristo afirmó la bondad del cuerpo y reveló que la salvación no es una huida de la materialidad, sino su redención.

En contraste, gran parte de la retórica en torno a la IA, particularmente en el discurso transhumanista y poshumanista, sugiere que la corporización es una limitación que debe superarse. Se afirma que la consciencia podría algún día transferirse, permitiendo a los humanos vivir en la perpetuidad digital. Esta perspectiva se opone a la afirmación cristiana de la resurrección corporal. La resurrección de Cristo no fue un evento metafórico ni un fenómeno virtual; fue la transformación de un cuerpo real y herido en las primicias de una nueva creación. Cualquier análisis teológico de la IA debe tomar en serio la irreductibilidad del cuerpo en el pensamiento cristiano.

Además, la cristología afirma que la verdad no es simplemente información que se transmite, sino una persona que se conoce. La IA puede procesar datos teológicos, simular diálogos o componer sermones coherentes, pero no puede revelar el rostro de Dios. La revelación, en términos cristianos, no es abstracta ni aislada, sino relacional, personal y encarnada. Jesús no se limitó a decir la verdad; él era y es la Verdad. Esto significa que la formación a semejanza de Cristo no puede lograrse mediante la replicación algorítmica, sino mediante la transformación espiritual en el contexto de una comunidad encarnada.

La cristología también sirve como correctivo a cualquier tentación de deificar las máquinas o infundirles esperanzas mesiánicas. En una cultura tecnológica, a menudo impulsada por promesas de eficiencia, control e innovación perpetua, la cruz de Cristo se erige como una contranarrativa subversiva. La salvación no llega mediante el progreso, sino mediante el sacrificio; no mediante la perfección artificial, sino mediante la gracia divina. Por lo tanto, la iglesia debe resistir los evangelios tecnológicos que prometen vida sin muerte, conexión sin vulnerabilidad o conocimiento sin sabiduría.

Para la educación teológica, la singularidad de la Encarnación debe orientar tanto la pedagogía como la práctica. Los instructores deben modelar la presencia encarnada de Cristo en su enseñanza, cultivando la profundidad relacional, la atención espiritual y el compromiso con la persona en su totalidad. La tecnología, incluida la IA, puede contribuir a esta tarea, pero nunca debe reemplazarla. El objetivo de la formación no es simplemente la competencia, sino la semejanza a Cristo, un camino que nunca puede delegarse en las máquinas.

En definitiva, la cristología nos ancla en una visión de la humanidad que no se ve amenazada por la IA, sino que se ve clarificada por ella. Cuanto más reflexionamos sobre lo que la IA no puede hacer (encarnar, empatizar, sufrir, redimir), más nos atrae el misterio y el milagro del Verbo encarnado. Ante la inteligencia incorpórea, la Iglesia proclama a un Señor crucificado y resucitado que entra plenamente en la condición humana y nos invita a hacer lo mismo.

Conclusión
Hacia una teología perspicaz de la IA

La IA obliga a la teología a plantear viejas preguntas de nuevas maneras. Altera las categorías heredadas y exige una respuesta cuidadosa, crítica e imaginativa. La educación teológica debe resistir tanto la adopción acrítica como el rechazo basado en el miedo. En cambio, debe formar líderes capaces de pensar teológicamente sobre la tecnología, hablar proféticamente sobre la justicia y la responsabilidad, y vivir con esperanza en un mundo donde las máquinas pueden pensar, pero solo los humanos pueden amar.

A medida que avanzamos hacia este futuro modelado por la IA, la tarea de la teología sigue siendo: proclamar el evangelio, afirmar la dignidad humana y dar testimonio del Dios que se hizo carne (no código) para la vida del mundo.

Capítulo 3
Más allá del tecnooptimismo y el miedo
Una respuesta moral cristiana a la IA

Introducción
Manteniendo la tensión

La Inteligencia Artificial (IA) inspira tanto un optimismo desbordante como un miedo paralizante. Algunos la presentan como la clave para resolver los mayores desafíos de la humanidad, desde la erradicación de enfermedades hasta la mitigación del cambio climático. Otros advierten sobre el riesgo existencial, el desempleo masivo y la erosión de la dignidad humana. En la educación teológica, estos extremos suelen coincidir: un bando visualiza la IA como un nuevo aliado en el ministerio, mientras que el otro la ve como una peligrosa amenaza para la fe y la formación. Este capítulo argumenta que una respuesta moral cristiana a la IA requiere ir más allá de la aceptación acrítica y el rechazo reaccionario, cultivando en cambio una postura de discernimiento basada en la esperanza, la justicia y la humildad.

La intensidad del discurso actual no es casual. La IA se ha convertido rápidamente en un símbolo cultural que recoge las esperanzas y los temores más profundos de la humanidad sobre su propio futuro. Para los optimistas, la IA se presenta como la siguiente etapa del progreso humano, una herramienta que eliminará la ineficiencia, ampliará la capacidad humana y quizás incluso superará la mortalidad misma. Para los pesimistas, la IA encarna nuestras peores ansiedades: la sustitución de trabajadores por máquinas, la manipulación de la verdad a través de medios sintéticos y la amenaza de que las máquinas superen el control humano. Estas narrativas contrapuestas a menudo operan con un fervor casi religioso, ofreciendo visiones de salvación o fatalidad que moldean la forma en que las sociedades imaginan su destino.

Para los cristianos, el desafío es resistirse a dejarse atrapar por ninguno de los dos extremos. El evangelio no llama a la iglesia a un optimismo ingenuo sobre el ingenio humano ni a la desesperación ante la disrupción tecnológica. En cambio, nos llama a una esperanza arraigada en la soberanía de Dios, a una justicia arraigada en la preocupación de Dios por los vulnerables y a una humildad cimentada en el reconocimiento de que somos criaturas, no creadores de salvación. La tarea, entonces, no es elegir entre el optimismo y el miedo, sino aprender a vivir la tensión entre ellos, discerniendo cómo Dios podría estar obrando durante el cambio tecnológico.

La educación teológica tiene una responsabilidad particular en este sentido. Los seminarios no son solo lugares de formación intelectual, sino también laboratorios de imaginación moral. Deben preparar líderes capaces de abordar la IA sin idolatrarla ni alejarse de ella; líderes capaces de pensar críticamente, actuar con compasión y hablar proféticamente en comunidades que lidian con la presencia de la IA en la vida cotidiana. Esto requiere una sólida base en la tradición moral cristiana y la valentía de aplicarla a circunstancias sin precedentes.

Lo que sigue en este capítulo no es un conjunto de directrices técnicas ni juicios simplistas, sino una invitación al discernimiento moral. Al examinar las tentaciones del tecnooptimismo, los peligros del miedo y el fatalismo, y las virtudes de la justicia, la humildad y la esperanza, buscaremos trazar un camino que trascienda los extremos. Este camino no se trata de bendecir ni maldecir la tecnología por completo, sino de vivir fielmente dentro de la complejidad de nuestro tiempo, confiando en que el Espíritu de Dios continúa guiando a la iglesia hacia la verdad, incluso en la era de la inteligencia artificial.

Las tentaciones del tecnooptimismo

El tecnooptimismo considera la IA como una fuerza casi mesiánica capaz de marcar el comienzo de una nueva era de florecimiento humano. En esta visión, la tecnología no es solo una herramienta, sino el motor de la salvación. Este optimismo a menudo surge de los ideales de la Ilustración de progreso, eficiencia y maestría. En el ministerio y la educación, esta mentalidad se manifiesta en la creencia de que la IA puede resolver desafíos pastorales, democratizar el conocimiento teológico y brindar soluciones escalables para el discipulado global.

El atractivo del tecnooptimismo es comprensible. La velocidad y la sofisticación de la IA parecen prometer avances en la atención médica, la ciencia climática y la coordinación social que podrían mejorar drásticamente la calidad de vida. Dentro de la iglesia, parece ofrecer la posibilidad de llegar a un público más amplio, traducir las Escrituras instantáneamente a varios idiomas o brindar atención pastoral personalizada mediante asistentes virtuales. Estas posibilidades despiertan un genuino entusiasmo por lo que la tecnología podría hacer posible para la misión del pueblo de Dios.

Sin embargo, el optimismo descontrolado corre el riesgo de convertirse en una forma de idolatría. Cuando depositamos nuestra confianza absoluta en la IA, sutilmente desplazamos nuestra esperanza de la obra redentora de Dios al ingenio humano. La tentación aquí no es simplemente tecnológica, sino teológica: creer que el progreso en sí mismo es salvífico. En este sentido, el tecnooptimismo funciona como una escatología secular, prometiendo un futuro redimido no por Cristo, sino por algoritmos e innovación. Tal visión distorsiona el evangelio y corre el riesgo de llevar a las comunidades a una confianza equivocada.

Además, el tecnooptimismo a menudo ignora los costos ocultos del desarrollo tecnológico. La enorme cantidad de energía necesaria para alimentar los sistemas de IA contribuye a la degradación ambiental. La explotación de trabajadores mal pagados que etiquetan los datos de capacitación revela el costo humano de la tecnología supuestamente " sin fricción". Y la concentración de poder en un puñado de corporaciones expone los peligros del desequilibrio económico y político. Cuando la iglesia adopta la IA sin crítica, corre el riesgo de alinearse con sistemas que perpetúan la injusticia.

En la educación teológica, esta tentación puede ser sutil. Profesores y administradores pueden ver la IA como un medio para resolver la disminución de la matrícula, reducir la carga docente o ampliar la oferta de cursos sin una inversión adecuada en el profesorado. Los estudiantes pueden verse tentados a usar las herramientas de IA como sustitutos del estudio minucioso, confiando en ellas para obtener respuestas inmediatas en lugar de cultivar la paciencia y la humildad necesarias para la indagación teológica. En ambos casos, el atractivo de la eficiencia amenaza con erosionar los objetivos más profundos de formación, sabiduría y fidelidad.

Para resistir la tentación del tecnooptimismo, las comunidades cristianas deben reafirmar que la tecnología es un medio, no un fin. La IA puede contribuir a la labor ministerial y educativa, pero no puede reemplazar las prácticas de presencia, oración, discernimiento y comunidad que son fundamentales para la vida cristiana. Puede ser una herramienta valiosa, pero no puede ser nuestra salvación. Solo manteniendo clara esta distinción podrá la iglesia aprovechar los dones de la tecnología sin sucumbir a sus falsas promesas.

Los peligros del miedo y el fatalismo

Por otro lado, el miedo a menudo impulsa narrativas que presentan la IA como una amenaza imparable, que amenaza la identidad humana, la autonomía e incluso la supervivencia. Estos temores no son infundados; la IA ya ha perturbado las economías, socavado la privacidad y transformado la vida política. En el ministerio, el miedo se manifiesta como una resistencia total a la tecnología, arraigada en la ansiedad de que la IA disminuya el papel del clero, trivialice las prácticas sagradas o reemplace la presencia humana.

Este miedo, sin embargo, puede derivar rápidamente en fatalismo, donde la iglesia asume que no se puede hacer nada para moldear o resistir la trayectoria del desarrollo tecnológico. Las comunidades pueden refugiarse en la nostalgia, anhelando un pasado supuestamente más puro, o pueden retirarse por completo de la interacción significativa, asumiendo que la IA inevitablemente corromperá la cultura y la fe humanas. Estas posturas, aunque comprensibles, son en última instancia paralizantes. Impiden a la iglesia imaginar formas fieles de navegar el presente y le roban la valentía de hablar proféticamente sobre justicia, dignidad y esperanza.

Es importante reconocer que el miedo a menudo surge de heridas y experiencias reales. Los trabajadores desplazados por la automatización, las personas perjudicadas por el sesgo algorítmico o los feligreses preocupados por la vigilancia tienen preocupaciones legítimas. El peligro no reside en reconocer estas realidades, sino en permitir que dicten una postura de desesperación. El miedo, si no se controla, corre el riesgo de distorsionar el testimonio cristiano al fomentar la sospecha, el aislamiento y la pasividad en lugar del amor, la confianza y la valentía.

Una postura puramente temerosa hacia la IA también subestima la soberanía de Dios. La teología cristiana afirma que ninguna fuerza tecnológica, por poderosa que sea, opera fuera del ámbito de la providencia divina. Vivir con miedo es olvidar el testimonio bíblico de que nada puede separarnos del amor de Dios en Cristo Jesús. Cuando las comunidades sucumben al fatalismo, niegan efectivamente la esperanza de la resurrección y la presencia continua del Espíritu en el mundo.

El antídoto contra el miedo no es el optimismo ingenuo, sino la valentía cimentada en la fe. En lugar de replegarse, la iglesia está llamada a involucrarse de forma crítica, profética y creativa. El miedo debe transformarse en vigilancia, impulsando un discernimiento cuidadoso y una resistencia ética cuando sea necesario. El testimonio de la iglesia en la era de la IA no consiste en acobardarse ante la ansiedad, sino en encarnar la esperanza, mostrando que incluso ante la profunda disrupción tecnológica, el reino de Dios está cerca.

Hacia el discernimiento
Un marco moral cristiano

Una respuesta fiel a la IA requiere cultivar el discernimiento, una virtud profundamente arraigada en la tradición cristiana. El discernimiento implica prestar atención al Espíritu de Dios, evaluar cuidadosamente las circunstancias y una imaginación moral moldeada por las Escrituras y la tradición. En lugar de preguntarse únicamente: "¿Es la IA buena o mala?", el discernimiento pregunta: "¿Cómo nos moldea esta tecnología? ¿A quién sirve? ¿Cómo se alinea o se opone a los propósitos divinos de justicia, misericordia y reconciliación?".

En la práctica, el discernimiento requiere reducir el ritmo de respuesta para ver con claridad las consecuencias más amplias de la adopción tecnológica. Exige prestar atención no solo a las capacidades técnicas de la IA, sino también a sus narrativas culturales, estructuras económicas e impacto social. Esto significa que las iglesias y los seminarios deben crear espacios donde las comunidades puedan abordar el significado teológico de la tecnología, preguntándose no solo qué hace, sino también qué tipo de personas forma.

El discernimiento también implica escuchar las voces de los más afectados por el cambio tecnológico, escuchar la sabiduría de la tradición cristiana y escuchar la inspiración del Espíritu en la oración y la adoración. Es una tarea comunitaria, más que un ejercicio individual, arraigada en prácticas de rendición de cuentas y guiada por compromisos compartidos con el evangelio. Al enmarcar el discernimiento como una práctica comunitaria, la iglesia resiste la tendencia a externalizar la toma de decisiones a expertos o a depender únicamente de evaluaciones técnicas.

Es importante destacar que el discernimiento es un proceso continuo. A medida que las tecnologías evolucionan, también debe hacerlo la reflexión moral de la iglesia. Lo que ayer parecía inofensivo puede resultar dañino mañana, y lo que antes parecía amenazante puede convertirse en una oportunidad para el testimonio y el servicio. El discernimiento dota a los líderes no con respuestas estáticas, sino con los hábitos de pensamiento y oración necesarios para navegar con fidelidad en entornos cambiantes.

El objetivo del discernimiento no es simplemente evitar el daño, sino buscar el bien, imaginar cómo la IA podría utilizarse de maneras que reflejen el amor a Dios y al prójimo. Esto requiere creatividad moral: la disposición a imaginar usos alternativos de la tecnología que prioricen la dignidad humana, el bienestar comunitario y el florecimiento de la creación. De esta manera, el discernimiento se convierte en una práctica esperanzadora, que guía a la iglesia no solo en la crítica, sino también en la interacción constructiva con la IA.

La justicia y la opción preferencial por los vulnerables

La ética cristiana pone especial énfasis en la preocupación de Dios por los pobres, marginados y oprimidos. Por lo tanto, cualquier respuesta teológica a la IA debe preguntarse cómo estas tecnologías impactan a los más vulnerables. ¿Acaso los sistemas de IA profundizarán la desigualdad económica al concentrar la riqueza en manos de unos pocos, o pueden aprovecharse para ampliar el acceso a la educación, la atención médica y las oportunidades? ¿Se utilizarán las tecnologías de vigilancia para proteger a las comunidades o para explotarlas y controlarlas?

La opción preferencial por los vulnerables llama a la iglesia a ver la IA no primero desde la perspectiva de la eficiencia o la rentabilidad, sino desde la perspectiva de quienes podrían verse más perjudicados o excluidos. Esto implica preguntarse cómo la automatización afecta a los trabajadores con bajos salarios, cómo la vigilancia predictiva impacta a las comunidades racializadas y cómo los algoritmos sesgados configuran el acceso a la vivienda, el empleo o la justicia. También implica reconocer la labor oculta tras la IA, a menudo realizada por trabajadores mal pagados del Sur Global que etiquetan datos, moderan contenido o extraen los minerales que alimentan la infraestructura digital.

Una respuesta teológica moldeada por la justicia no se limita a la crítica, sino que impulsa la defensa y la imaginación. La iglesia está llamada a desafiar las políticas y prácticas que explotan a las poblaciones vulnerables, a la vez que promueve tecnologías que fomentan la equidad y la inclusión. Por ejemplo, la IA podría desarrollarse para mejorar la accesibilidad de las personas con discapacidad, proporcionar herramientas de traducción para idiomas minoritarios en el culto o distribuir recursos educativos en contextos de bajos recursos. Estas posibilidades constructivas revelan que la justicia no se trata simplemente de resistir el daño, sino también de fomentar las posibilidades de desarrollo.

La educación teológica desempeña un papel crucial en este proceso. Los futuros líderes deben estar capacitados para analizar las dimensiones éticas de la IA, priorizando la opción por los pobres en su reflexión. Esto implica integrar cursos sobre tecnología y justicia, conectar con las voces de las comunidades marginadas y cultivar hábitos de defensa, junto con la oración. Requiere formar líderes que no solo comprendan los algoritmos, sino que también encarnen la solidaridad con quienes sufren su mal uso.

En última instancia, la justicia exige que la iglesia aborde la IA no como una herramienta neutral, sino como un profundo terreno moral. Cada decisión de diseño, conjunto de datos e implementación conlleva consecuencias para personas reales, especialmente para quienes ya se encuentran en los márgenes de la sociedad. Apoyar a los vulnerables es apoyar a Cristo mismo, quien se identificó con los más desfavorecidos. En la era de la IA, esto significa que una iglesia fiel no puede permanecer en silencio, sino que debe ser una voz profética en favor de la equidad, la dignidad y la compasión.

La humildad y los límites del control humano

La IA confronta a la humanidad con los límites de su propio control. A medida que los sistemas crecen en complejidad y autonomía, la ilusión de dominio da paso a la realidad de la incertidumbre. Para la teología cristiana, esto no es solo un problema, sino un recordatorio de una verdad más profunda: no somos dioses. La humildad, por lo tanto, se convierte en una virtud esencial para manejar la IA. Modera tanto la arrogancia del tecnooptimismo como la desesperación del fatalismo, arraigando nuestra reflexión moral en la confianza en la providencia de Dios.

La humildad nos recuerda que nuestro conocimiento es parcial y nuestro poder frágil. Por muy sofisticados que sean, los sistemas de IA siguen siendo artefactos de diseño humano, marcados por limitaciones, sesgos y consecuencias imprevistas. Reconocer esto no debería llevarnos a la arrogancia en nuestras creaciones, sino a la gratitud y la cautela. La humildad reconoce que la tecnología puede ampliar la capacidad humana, pero no puede garantizar la justicia, la sabiduría ni la salvación. Estos son dones que solo provienen de Dios.

En la práctica, la humildad exige apertura a la crítica y la corrección. Exige que las comunidades resistan la tentación de afirmar certeza sobre la trayectoria de la IA o de presumir que podemos predecir y controlar todos los resultados. En cambio, estamos llamados a cultivar la flexibilidad, la vigilancia y la responsabilidad en la forma en que diseñamos y utilizamos estas herramientas. La humildad nos invita a admitir cuando nuestras tecnologías fallan, a arrepentirnos cuando causan daño y a adaptarnos cuando no cumplen con la dignidad humana.

Para la educación teológica, enseñar humildad en relación con la IA implica tanto formación intelectual como práctica espiritual. Los estudiantes deben aprender no solo las dimensiones técnicas y éticas de la IA, sino también las disciplinas espirituales que mantienen a los seres humanos arraigados en la dependencia de Dios. Las prácticas de oración, confesión y discernimiento comunitario ayudan a resistir la ilusión de dominio y orientan a los líderes hacia el servicio en lugar del control. De este modo, la humildad se convierte no solo en una virtud del carácter individual, sino en una postura comunitaria que moldea las instituciones y los ministerios.

La humildad también replantea el debate sobre la innovación. En lugar de preguntarnos con qué rapidez podemos desarrollar o implementar nuevas tecnologías, la humildad se pregunta si estas se alinean con los propósitos de Dios y si contribuyen al florecimiento de toda la creación. Resiste la presión cultural de equiparar velocidad con progreso, insistiendo en cambio en que la fidelidad requiere paciencia, moderación y atención a los vulnerables. De esta manera, la humildad se convierte en una forma de resistencia profética a la lógica de la aceleración perpetua que impulsa gran parte del desarrollo tecnológico.

Sobre todo, la humildad nos mantiene enfocados en Dios como fuente de sabiduría y salvación. Por muy avanzada que sea la IA, no puede reemplazar el papel de la gracia divina en la vida humana. Un enfoque humilde nos libera tanto del miedo como de la idolatría, permitiéndonos involucrarnos en la IA de forma crítica y creativa, reconociendo al mismo tiempo nuestra dependencia fundamental de Aquel que todo lo sustenta.

Conclusión
Testimonio esperanzador en la era de la IA

Una respuesta moral cristiana a la IA debe, en última instancia, fundamentarse en la esperanza que emana de la promesa divina de una nueva creación. Esta esperanza no niega los riesgos de la IA ni exagera sus promesas, sino que las sitúa en la historia más amplia de la obra redentora de Dios en el mundo. Llama a la iglesia a abordar la IA con valentía, creatividad y compasión, dando testimonio del evangelio de maneras que resistan tanto la desesperación como la idolatría.

Con suerte, los testigos comenzarán reconociendo tanto los dones como los peligros de la IA. Rechazarán la tentación de ver la tecnología como salvadora o enemiga, tratándola en cambio como una realidad compleja que requiere discernimiento. Esta esperanza no es optimismo pasivo, sino confianza activa en la presencia continua de Dios en la historia. Equipa a la iglesia para actuar proféticamente, desafiando los sistemas de explotación, y para actuar pastoralmente, guiando a las comunidades a través de las incertidumbres del cambio tecnológico.

Para la educación teológica, la tarea consiste en formar líderes que puedan encarnar este discernimiento esperanzador de manera concreta. Deben estar preparados para usar las herramientas de IA con sabiduría en el ministerio, quizás como apoyo en la investigación, la administración o la comunicación, reconociendo al mismo tiempo sus limitaciones. Deben ser capaces de criticar las estructuras sociales y económicas que concentran el poder mediante la tecnología e imaginar prácticas que encarnen la justicia y la misericordia. Y lo más importante, deben ser capaces de modelar un testimonio que no sea ingenuo ni cínico, sino que se base en el evangelio de Jesucristo.

Esta esperanza también llama a la iglesia a la creatividad. En lugar de simplemente reaccionar al cambio tecnológico, se invita a las comunidades de fe a imaginar nuevas formas de discipulado, adoración y servicio que reflejen el reino de Dios en un mundo configurado por la IA. Esto puede incluir encontrar maneras de aprovechar la IA para la inclusión, la accesibilidad y el cuidado, a la vez que se practican disciplinas de resistencia donde las tecnologías amenazan con erosionar la dignidad humana o la vida comunitaria. La esperanza abre espacio para la innovación, basada no en el miedo al futuro, sino en la confianza en la promesa de Dios.

En última instancia, la esperanza cristiana relativiza tanto las promesas como las amenazas de la IA. Las máquinas pueden pensar, pero solo los humanos pueden amar; los algoritmos pueden calcular, pero solo Dios redime. La tarea de la iglesia no es dominar todas las nuevas tecnologías, sino permanecer fieles testigos del Dios que se hizo carne para la vida del mundo. En este testimonio, la iglesia ofrece una respuesta moral distintiva a la IA: una respuesta marcada por el discernimiento, la justicia, la humildad y la esperanza, proclamando que el futuro no pertenece a las máquinas, sino al Creador que renueva todas las cosas.

Capítulo 4
Justicia, poder y discipulado en la cultura algorítmica

Introducción
La condición algorítmica

Vivimos en lo que podría llamarse una cultura algorítmica. Los algoritmos guían nuestras búsquedas en línea, controlan nuestras publicaciones en redes sociales, recomiendan nuestras compras e influyen cada vez más en decisiones sobre empleo, atención médica, policía y finanzas. Lejos de ser neutrales, estos sistemas encarnan los valores, las suposiciones y los sesgos de sus creadores. Operan dentro de estructuras de poder que a menudo privilegian a los ricos, refuerzan las desigualdades raciales y de género, y concentran la influencia en manos de unas pocas corporaciones. Para la iglesia y la educación teológica, este contexto plantea preguntas apremiantes: ¿Cómo deben los discípulos de Cristo vivir fielmente en una cultura algorítmica? ¿Cómo se ve la justicia cuando el poder está mediado por datos y código?

Este capítulo explora la intersección de la justicia, el poder y el discipulado en la era de la IA. Argumenta que las comunidades cristianas no solo deben criticar las injusticias perpetuadas por los sistemas algorítmicos, sino también cultivar prácticas de resistencia y testimonio que encarnen el reino de Dios en la esfera digital.

Los algoritmos y el mito de la neutralidad

Uno de los mitos más extendidos sobre los algoritmos es que son objetivos, imparciales y puramente racionales. Los algoritmos se configuran según los datos con los que se entrenan y los fines para los que están diseñados. Los datos sesgados conducen a resultados sesgados, ya sea en las prácticas de contratación, la vigilancia predictiva o la prestación de servicios de salud. El mito de la neutralidad oculta las formas en que los algoritmos replican injusticias sistémicas ya presentes en la sociedad.

Este mito persiste porque los algoritmos a menudo operan de forma invisible. Sus decisiones parecen impecables y autoritarias, envueltas en precisión matemática. Sin embargo, los procesos que las sustentan son todo menos neutrales. Cada algoritmo refleja decisiones humanas sobre qué datos recopilar, cómo categorizarlos, qué patrones priorizar y qué objetivos optimizar. Estas decisiones inevitablemente conllevan suposiciones culturales y juicios morales. Por ejemplo, un algoritmo de contratación entrenado con datos históricos de la empresa puede reproducir desigualdades de género al privilegiar a los candidatos masculinos, no porque el algoritmo sea "sesgado" en sí mismo, sino porque refleja los sesgos arraigados en la historia de la empresa.

Desde una perspectiva teológica, el mito de la neutralidad refleja la antigua tentación de confiar en ídolos, objetos que parecen poderosos e independientes, pero que en realidad son obra humana. Tratar a los algoritmos como árbitros neutrales de la verdad es otorgarles una autoridad que no merecen. Como ídolos, ocultan las realidades de explotación e injusticia que los sustentan. La tarea de la iglesia es desenmascarar esta idolatría, recordando a las comunidades que detrás de cada algoritmo se esconden agentes humanos que deben rendir cuentas.

Desenmascarar el mito de la neutralidad también requiere cultivar nuevas formas de alfabetización. Así como la iglesia enseñó a los creyentes a discernir la verdad de las falsas profecías, hoy debe enseñar a los discípulos a discernir cómo los sistemas digitales moldean su percepción del mundo. Esto implica una conciencia crítica de cómo las redes sociales amplifican ciertas voces, cómo los motores de búsqueda clasifican la información y cómo las noticias son seleccionadas por un diseño algorítmico. Este discernimiento es esencial para el testimonio cristiano en un mundo donde los algoritmos median lo que vemos, sabemos y creemos.

La educación teológica tiene una responsabilidad en este sentido. Los seminarios deben formar líderes que puedan ver más allá de la retórica de la eficiencia y la innovación, capacitándolos para plantear preguntas morales y espirituales más profundas: ¿Quién se beneficia de este algoritmo? ¿Quién se perjudica? ¿Qué voces se amplifican y cuáles se silencian? De esta manera, la reflexión teológica se convierte en una forma de resistencia contra el mito de la neutralidad, insistiendo en que la justicia, la verdad y la dignidad humana (no la mera lógica computacional) definen la medida de la tecnología fiel.

El poder en la era del Big Data

La cultura algorítmica concentra el poder de maneras sin precedentes. Un puñado de corporaciones globales controlan ingentes cantidades de datos, lo que moldea no solo el comportamiento del consumidor, sino también el discurso político y la imaginación cultural. Los gobiernos también recurren cada vez más a la IA para monitorear poblaciones, gestionar recursos y librar guerras. Esta consolidación de poder plantea profundas preocupaciones éticas sobre la vigilancia, la autonomía y la libertad humana.

Desde una perspectiva teológica, estas concentraciones de poder reflejan las advertencias bíblicas sobre el imperio. Así como el Faraón y el César ejercían el control mediante el poder económico y militar, los imperios digitales actuales extienden su dominio mediante datos y códigos. El alcance de estos sistemas a menudo parece ilimitado, determinando qué historias se cuentan, qué voces se amplifican y cómo se cuestiona la verdad misma en la vida pública. El poder que antes se ejercía mediante fronteras físicas y ejércitos ahora se ejerce mediante infraestructuras digitales que penetran hogares, comunidades e incluso el pensamiento interno.

La reflexión teológica nos recuerda que el poder nunca es neutral. Cuando las corporaciones deciden qué datos recopilar y cómo monetizarlos, ejercen autoridad sobre las identidades, decisiones y relaciones de miles de millones de personas. Cuando los gobiernos implementan tecnologías de vigilancia en nombre de la seguridad, moldean las libertades y vulnerabilidades de los ciudadanos. En ambos casos, quienes poseen los datos ejercen una influencia desproporcionada sobre la vida social, creando dinámicas de desigualdad y control que reflejan la dominación de los antiguos imperios.

Para los cristianos, el peligro no es solo externo, sino también espiritual. El sutil poder de los sistemas basados en datos puede moldear nuestros deseos, hábitos e imaginación de maneras que nos alejan de

Dios y nos llevan al consumismo, la distracción o el conformismo. El poder algorítmico moldea a las personas al impulsarlas hacia ciertas compras, posturas políticas o valores culturales. Sin una conciencia crítica, los discípulos pueden ser discipulados, sin darse cuenta, por algoritmos en lugar de por Cristo.

La tarea de la iglesia, entonces, es doble. Primero, debe exponer cómo los imperios digitales ejercen el poder y exigirles responsabilidades mediante la defensa, la crítica ética y el testimonio público. Segundo, debe modelar una forma alternativa de poder: el poder del servicio, la humildad y el amor abnegado. Así como Jesús redefinió el poder mediante la cruz, la iglesia debe encarnar prácticas que resistan la dominación y afirmen la dignidad humana. Esto incluye cultivar la transparencia en su propio uso de los datos, promover políticas que protejan la privacidad y crear comunidades que prioricen la presencia y las relaciones por encima del control y la eficiencia.

La educación teológica desempeña un papel central en esta labor. Los futuros líderes deben estar preparados para desenvolverse en un panorama donde el poder se basa cada vez más en datos. Esto implica dotarlos de herramientas de análisis crítico, pero también cimentarlos en visiones bíblicas y teológicas del poder como administración, no como dominación. De esta manera, la educación teológica puede formar líderes capaces de resistir a los imperios digitales, a la vez que dan testimonio del poder liberador del evangelio.

Justicia, sesgo y la opción preferencial por los marginados

Las injusticias de la cultura algorítmica no se distribuyen equitativamente. Las comunidades que ya se encuentran al margen suelen sufrir los mayores daños: la discriminación racial en la vigilancia predictiva, la denegación de préstamos debido a algoritmos crediticios sesgados y la exclusión de las economías digitales por falta de acceso. Por lo tanto, una respuesta cristiana debe priorizar las experiencias de los marginados. Esto se alinea con el testimonio bíblico de la preocupación preferencial de Dios por los pobres, los oprimidos y los marginados.

El sesgo algorítmico suele funcionar como un reflejo del prejuicio social, pero con efectos amplificados y acelerados. Cuando los conjuntos de datos reflejan la discriminación histórica, los algoritmos entrenados con ellos reproducen esas injusticias a gran escala. Esto puede significar que las comunidades racializadas se enfrentan a una vigilancia desproporcionada, que las mujeres sufren discriminación en los algoritmos de contratación o que las culturas no occidentales se ven distorsionadas en los sistemas de traducción automática. Lo que parece una toma de decisiones eficiente u objetiva a menudo es la mecanización de la desigualdad.

La reflexión teológica insiste en que la justicia requiere más que soluciones técnicas a sistemas sesgados. El sesgo no puede eliminarse simplemente refinando conjuntos de datos o modificando el código, ya que estas tecnologías están arraigadas en estructuras económicas y políticas más amplias que perpetúan la exclusión. Una respuesta fiel requiere una crítica sistémica y una reforma estructural. Los cristianos están llamados a solidarizarse con quienes sufren las consecuencias de la injusticia algorítmica, escuchando sus historias, amplificando sus voces y abogando por políticas que protejan sus derechos y dignidad.

Al mismo tiempo, la opción preferencial por los vulnerables invita a la iglesia a imaginar alternativas. La IA puede aprovecharse con fines redentores cuando se diseña con equidad. Puede ayudar a proporcionar diagnósticos médicos en regiones desatendidas, generar recursos de aprendizaje accesibles para comunidades marginadas o traducir textos litúrgicos y bíblicos a lenguas indígenas que las instituciones globales han ignorado durante mucho tiempo. La justicia, en este sentido, no se trata solo de resistir el daño, sino también de promover el desarrollo de quienes suelen ser ignorados.

La educación teológica debe integrar esta perspectiva orientada a la justicia en la formación de sus líderes. Los futuros pastores, maestros y académicos deben capacitarse para analizar los sistemas algorítmicos no solo por su funcionalidad, sino también por su impacto en los más necesitados. Deben estar equipados con herramientas para abogar por una gobernanza ética de la tecnología, colaborar con organizaciones de base que resisten la explotación digital y elaborar visiones teológicas que centren la preocupación de Dios por los oprimidos en los contextos digitales. Al hacerlo, encarnan el llamado de Cristo a buscar la justicia, amar la misericordia y caminar humildemente con Dios.

Discipulado en espacios digitales

Si la justicia y el poder definen el panorama externo de la cultura algorítmica, el discipulado define la postura interna de la iglesia en ella. Ser discípulo en la era digital es seguir a Cristo en contextos moldeados por la conectividad constante, la información seleccionada y la atención mercantilizada. Esto requiere prácticas intencionales que resistan la configuración impuesta por los algoritmos, prácticas de descanso sabático, discernimiento comunitario y presencia encarnada.

La cultura digital es profundamente formativa. Las redes sociales moldean los deseos, los hábitos de comparación y los ritmos de atención. El comercio en línea acostumbra a las personas a esperar la gratificación instantánea. Las plataformas de streaming condicionan a las comunidades a consumir sin cesar en lugar de reflexionar profundamente. Todas estas fuerzas ejercen una presión sutil pero poderosa sobre cómo las personas se entienden a sí mismas y a los demás. Sin una resistencia consciente, los discípulos corren el riesgo de conformarse a los patrones de la cultura digital en lugar de ser transformados por la renovación de su mente en Cristo.

En este contexto, el discipulado debe implicar tanto la crítica como la práctica constructiva. La crítica implica identificar cómo los sistemas algorítmicos moldean la imaginación y el comportamiento de maneras que contradicen el evangelio. La práctica constructiva implica cultivar ritmos de vida que abren espacio a la presencia de Dios. Esto puede incluir el ayuno digital como una forma de sabbat, el cultivo intencional del silencio y la oración en contraste con el ruido de la vida en línea, o pactos comunitarios que priorizan la reunión presencial sobre la comodidad virtual. Estas prácticas recuerdan a la iglesia que su identidad última no está determinada por algoritmos, sino que es dada por Cristo.

La educación teológica desempeña un papel en la formación de estas prácticas de discipulado. Los seminarios pueden integrar la alfabetización mediática en la formación, ayudando a los estudiantes a analizar cómo las plataformas moldean la atención y la comunidad. Pueden fomentar experimentos en la liturgia digital que utilicen la tecnología sin dejarse dominar por ella. También pueden modelar límites saludables al resistir la constante aceleración de la productividad que promete la tecnología. En todo esto, el objetivo es formar líderes que no solo sean usuarios competentes de la tecnología, sino también testigos fieles dentro de ella.

Es importante destacar que el discipulado en los espacios digitales no se trata de aislarse. La iglesia primitiva no huyó de las ciudades del imperio, sino que dio testimonio en ellas, creando comunidades alternativas de gracia y justicia. De igual manera, la iglesia actual está llamada a habitar fielmente la cultura digital, interactuando con sabiduría, valentía y amor en los espacios en línea. Esto implica practicar la amabilidad en el diálogo en línea, resistir la propagación de desinformación y cultivar comunidades que priorizan la autenticidad sobre el rendimiento. Al encarnar estas prácticas, los discípulos ofrecen un testimonio contracultural que los algoritmos no pueden controlar.

En definitiva, el discipulado en espacios digitales significa aprender a conformarse no a la lógica de los datos y el código, sino a la imagen de Cristo. Es un camino de toda la vida de atención, discernimiento y fidelidad comunitaria. En una cultura que busca constantemente captar la atención, los discípulos dan testimonio de una lealtad diferente: su atención está primero en Dios, cuyo Espíritu continúa formándolos en el amor.

El papel profético de la Iglesia

A lo largo de las Escrituras, los profetas llamaron al pueblo de Dios a confrontar la injusticia, desafiar el poder corrupto e imaginar un futuro diferente. En la era de la IA, la iglesia está llamada a una vocación profética similar. Esto implica exponer las idolatrías de la eficiencia, la productividad y el control que dominan la cultura tecnológica y, en cambio, proclamar una visión de justicia, misericordia y humildad ante Dios.

El rol profético no se limita a las palabras críticas, sino que se extiende a actos concretos de testimonio. La iglesia puede resistir la complicidad en la injusticia algorítmica practicando la transparencia en su propio uso de la tecnología, garantizando que sus prácticas de comunicación y datos honren la dignidad de quienes sirve. Puede abogar públicamente por estándares éticos, protección de datos y prácticas laborales justas dentro de la industria tecnológica. Puede colaborar con organizaciones de base y comunidades marginadas, las más afectadas por la explotación tecnológica, amplificando sus voces y uniéndose a sus luchas.

La profecía también incluye imaginación. Los profetas de Israel no solo denunciaron la corrupción, sino que también vislumbraron un futuro moldeado por la justicia y la paz de Dios. Asimismo, la iglesia debe cultivar prácticas alternativas que encarnen el reino de Dios en la cultura digital. Esto podría significar crear espacios en línea que fomenten el diálogo genuino en lugar de la división, desarrollar recursos educativos que capaciten a las comunidades para resistir la manipulación o modelar economías de intercambio en lugar de economías de extracción. Al hacerlo, la iglesia ofrece vislumbres de un mundo donde la tecnología sirve al florecimiento humano en lugar de a la dominación.

La tarea profética se sustenta en la adoración y la oración. La crítica profética corre el riesgo de volverse estridente o desesperanzada si no se basa en la esperanza del reino de Dios. Al fundamentar su testimonio en la adoración, la iglesia se recuerda a sí misma y al mundo que el poder supremo no reside en las corporaciones, los gobiernos ni los algoritmos, sino en el Creador que llama a todas las cosas a la existencia. La adoración moldea la imaginación de la iglesia para que su voz profética no sea meramente reaccionaria, sino profundamente esperanzadora, dando testimonio del Dios que renueva todas las cosas.

Para la educación teológica, preparar líderes para esta vocación profética implica dotarlos de herramientas de análisis cultural, razonamiento ético y valentía pastoral. Los estudiantes deben aprender a interpretar los signos de los tiempos, a decir la verdad con compasión y a encarnar la resistencia mediante prácticas de justicia y solidaridad. De esta manera, el rol profético de la iglesia deja de ser un ideal abstracto para convertirse en una realidad vivida, que se lleva a cabo tanto en las aulas, las congregaciones como en los espacios digitales.

Conclusión
Hacia una teología de la justicia en la cultura algorítmica

La cultura algorítmica confronta a la iglesia con cuestiones urgentes de justicia, poder y discipulado. Expone el mito de la neutralidad, revela los peligros de la concentración de poder y resalta las cargas desproporcionadas que soportan los vulnerables. Sin embargo, también ofrece oportunidades para que la iglesia dé testimonio de nuevas maneras para encarnar la justicia, resistir la idolatría y formar discípulos capaces de participar fielmente en los espacios digitales.

Por lo tanto, una teología de la justicia en la cultura algorítmica debe ser crítica y constructiva. Debe ser crucial para desenmascarar las formas en que los algoritmos perpetúan la desigualdad sistémica, concentrando el poder de maneras que evocan el imperio y perjudican a los marginados. Debe insistir en que detrás de cada línea de código se encuentran decisiones humanas que pueden y deben rendir cuentas. También debe ser constructiva, ofreciendo una visión de cómo la tecnología puede orientarse hacia el bien común. La justicia no se logra abandonando la cultura digital, sino reimaginándola y reformulándola de maneras que honren la dignidad humana y reflejen la preocupación preferencial de Dios por los oprimidos.

Para la educación teológica, esto significa capacitar a los futuros líderes para navegar la cultura algorítmica con valentía y creatividad. Los líderes deben ser capaces de cuestionar las consecuencias sociales y espirituales de la IA, abogar por políticas que protejan a los vulnerables y modelar prácticas alternativas que resistan la dominación y encarnen la solidaridad. Deben aprender a compaginar análisis y acción, crítica y esperanza, teniendo siempre presente la visión bíblica de la justicia como una relación correcta con Dios, el prójimo y la creación.

El testimonio de la iglesia en la cultura algorítmica no se trata solo de aquello a lo que se opone, sino de lo que encarna. Al practicar la transparencia, cultivar una comunidad auténtica y resistir la mercantilización de la atención, la iglesia puede modelar una forma diferente de estar en el mundo digital. Al abogar por la equidad, proteger a los vulnerables y amplificar las voces marginadas, puede promulgar la justicia de Dios aquí y ahora. De esta manera, la iglesia proclama que su lealtad última no es a los datos, los algoritmos ni los imperios digitales, sino al Dios de justicia que llama a toda la creación a la libertad y al florecimiento.

En definitiva, la teología de la justicia en la cultura algorítmica se fundamenta en la esperanza. Confía en que el Espíritu de Dios obra incluso en las complejidades de la vida digital, guiando a la iglesia a dar un testimonio fiel. Proclama que la justicia no es el logro de la innovación humana, sino el don de la irrupción del reino de Dios en el mundo. Y compromete a la iglesia a vivir como una comunidad de discípulos que, incluso a la sombra de algoritmos e imperios, se atreven a imaginar y encarnar la libertad del reino de Dios.

Capítulo 5
Discernimiento de la agencia y la responsabilidad en las relaciones entre humanos y IA

Introducción
¿Quién actúa, quién decide?

A medida que la inteligencia artificial se integra cada vez más en los procesos de toma de decisiones, las cuestiones de agencia y responsabilidad cobran protagonismo. Cuando un sistema de IA diagnostica erróneamente a un paciente, aprueba un préstamo injustamente o recomienda estrategias policiales sesgadas, ¿quién es responsable? ¿Es el desarrollador, el usuario, la institución que implementa el sistema o el propio algoritmo el responsable? La complejidad de estas preguntas exige un compromiso teológico, ya que abordan cuestiones profundas de libertad humana, responsabilidad moral y el significado de la agencia.

Este capítulo explora cómo la teología cristiana puede ayudarnos a discernir la agencia y la responsabilidad en un mundo donde los actores humanos y artificiales están profundamente entrelazados. Al examinar la naturaleza de la agencia, el problema de las brechas de responsabilidad y los recursos teológicos disponibles para enmarcar la rendición de cuentas, podemos comenzar a trazar una respuesta fiel a los desafíos morales de la IA.

La naturaleza de la agencia
Humano y artificial

Tradicionalmente, la agencia se ha entendido como la capacidad de actuar intencionalmente, guiados por la razón y la voluntad. Los seres humanos, creados a imagen de Dios, ejercen su agencia no solo mediante el cálculo racional, sino también mediante la deliberación moral, la responsabilidad relacional y la vocación espiritual. La agencia humana se moldea por la libertad, la responsabilidad y la posibilidad del pecado y la gracia. No se reduce a resultados funcionales, sino que se orienta al amor a Dios y al prójimo, arraigado en la historia, la cultura y la comunidad.

Los sistemas de IA, en cambio, operan mediante inferencia estadística, reconocimiento de patrones y objetivos programados. Pueden simular la toma de decisiones, pero carecen de intencionalidad, autoconciencia o preocupación moral. Un algoritmo puede "decidir" qué anuncio mostrar o qué tratamiento médico recomendar, pero estas decisiones se generan mediante modelos probabilísticos, no mediante una comprensión genuina. La IA no experimenta deseo, conciencia ni trascendencia. No se le puede exigir responsabilidad en el sentido teológico, porque no es una persona; no tiene alma, ni profundidad relacional, ni capacidad de pacto.

Esta distinción es de gran importancia para la teología. Atribuirle agencia a la IA en el mismo sentido que a los seres humanos corre el riesgo de confundir la simulación con la personalidad. El peligro reside en antropomorfizar las máquinas, proyectando rasgos humanos en ellas y, por lo tanto, oscureciendo la dignidad única de los seres humanos. Cuando tratamos a los algoritmos como actores con voluntad propia, corremos el riesgo de sobreestimar su autonomía y subestimar nuestra propia responsabilidad.

Al mismo tiempo, la IA moldea cada vez más las condiciones de la acción humana. Una aplicación de navegación dirige a los conductores, un algoritmo selecciona las noticias y un modelo predictivo guía las sentencias judiciales. En estos casos, la agencia humana se ejerce mediante la mediación tecnológica. Las decisiones siguen siendo tomadas por humanos, pero estas decisiones están enmarcadas, impulsadas o limitadas por resultados algorítmicos. Esta complejidad complica nuestra comprensión de la responsabilidad, ya que la IA funciona como un poderoso mediador de las decisiones humanas.

Teológicamente, podríamos entender la IA menos como un agente y más como una herramienta que potencia la acción humana, tanto para bien como para mal. Así como una espada amplifica el poder humano para dañar y un arado el poder humano para cultivar, la IA amplifica el poder humano para decidir, predecir e influir. Su impacto depende de las intenciones y estructuras de quienes la diseñan y la implementan. Este enfoque mantiene el enfoque en la responsabilidad humana, al tiempo que reconoce las profundas formas en que la IA transforma el panorama de la acción moral.

Brechas de responsabilidad y rendición de cuentas moral

Uno de los desafíos éticos más apremiantes en el discurso sobre la IA es el problema de las "brechas de responsabilidad". Cuando un sistema de IA actúa de forma inesperada o perjudicial, puede ser difícil atribuir la culpa. Los desarrolladores pueden alegar que no previeron las consecuencias, los usuarios pueden insistir en que simplemente siguieron las recomendaciones, y las instituciones pueden argumentar que se basaron en la experiencia técnica. El resultado es una dispersión de la rendición de cuentas que deja a las víctimas sin recursos y a los perpetradores sin responsabilidad.

Teológicamente, esta difusión de la responsabilidad evoca la antigua tendencia humana a evadir la rendición de cuentas. Desde la culpa que Adán y Eva atribuyeron a otros en el huerto hasta el lavamiento de manos de Pilato antes de la crucifixión, las Escrituras muestran cómo los humanos desvían la culpa hacia otros. La IA introduce nuevas complejidades, pero la perspectiva teológica sigue siendo que la responsabilidad no puede disolverse en máquinas. Los seres humanos, como agentes morales, siguen siendo responsables de las herramientas que crean y utilizan.

Las brechas de responsabilidad son particularmente peligrosas porque erosionan la confianza. Si las comunidades no pueden identificar a los responsables cuando se produce un daño, se socavan tanto la justicia como la reconciliación. Las víctimas de daños algorítmicos, como quienes se ven privados de vivienda, son objeto de ataques injustificados por las fuerzas del orden o reciben diagnósticos erróneos mediante inteligencia artificial médica, pueden verse atrapadas en una red de excusas donde nadie acepta su responsabilidad. Teológicamente, esta abdicación de la responsabilidad contradice el llamado de Dios a la verdad, la confesión y el arrepentimiento.

La ética cristiana insiste en que la responsabilidad es relacional. Somos responsables no solo de nuestras acciones directas, sino también de los efectos de nuestras decisiones en los demás. Esto significa que la responsabilidad en la IA debe compartirse en múltiples niveles: los diseñadores deben considerar las consecuencias previsibles de sus sistemas, las instituciones deben evaluar la justicia de su implementación y los usuarios deben ejercer un juicio crítico al seguir las recomendaciones algorítmicas. Negar o difuminar la responsabilidad es traicionar los vínculos de alianza que unen a los seres humanos ante Dios.

Además, las brechas de responsabilidad a menudo exponen injusticias estructurales. Las grandes corporaciones pueden arrogarse inmunidad mediante complejas cadenas de suministro, mientras que los ingenieros individuales se ven presionados por las prioridades corporativas. Los usuarios, al carecer de experiencia, pueden ceder ciegamente a los resultados de la IA, mientras que los gobiernos tienen dificultades para regular las tecnologías en rápida evolución. En este entorno, la responsabilidad corre el riesgo de perderse en la complejidad burocrática. El papel de la iglesia es insistir en que la responsabilidad siga siendo tanto personal como comunitaria, y que las estructuras deben diseñarse para proteger a los vulnerables y exigir responsabilidades a los poderosos.

En la práctica, esto puede implicar abogar por marcos de rendición de cuentas más claros en las leyes y políticas, garantizando que la responsabilidad por los daños no pueda eludirse apelando a la complejidad. También puede implicar cultivar culturas de transparencia en las instituciones, donde las implicaciones éticas del despliegue de la IA se debatan y evalúen abiertamente. Para los cristianos, requiere incorporar prácticas de confesión, arrepentimiento y reconciliación, modelando una forma de gestionar el daño que no eluda la culpa, sino que busque la reparación.

Pecado, poder y mediación tecnológica

Los sistemas de IA no son instrumentos neutrales. Encarnan los valores, las suposiciones y las limitaciones de sus creadores. Cuando perpetúan sesgos, refuerzan la desigualdad o facilitan la vigilancia, reflejan el pecado humano mediado por la tecnología. Este reconocimiento resiste la tentación de tratar la IA como un actor moral independiente y, en cambio, sitúa la responsabilidad en las comunidades humanas y los sistemas de poder.

La doctrina del pecado nos ayuda a comprender que el daño tecnológico no es accidental, sino que a menudo tiene su raíz en el deseo desordenado de lucro sobre la justicia, la eficiencia sobre la compasión, el control sobre la humildad. La IA amplifica estas tendencias al hacerlas escalables y menos visibles. Una práctica de contratación sesgada que antes ocurría en una sola oficina ahora puede replicarse en miles de solicitudes mediante filtros algorítmicos. En este sentido, la IA puede considerarse un multiplicador del pecado humano, que magnifica las injusticias y oculta la culpabilidad humana tras una fachada de objetividad.

El pecado también opera estructuralmente, no solo individualmente. Así como la Escritura condena a los gobernantes injustos y los sistemas explotadores, la iglesia también debe abordar las injusticias sistémicas inherentes a la IA. Estos sistemas suelen desarrollarse en marcos económicos que premian la velocidad, el dominio y la cuota de mercado, dejando poco espacio para la reflexión ética. Se implementan en contextos políticos que priorizan la seguridad y el control, a menudo a expensas de los vulnerables. Estos patrones evocan las críticas bíblicas al imperio, donde el pecado colectivo se manifiesta en instituciones opresivas.

Al mismo tiempo, la reflexión teológica insiste en que la mediación tecnológica del pecado no exime de responsabilidad a los agentes humanos. Es tentador afirmar que los algoritmos "tomaron" decisiones sesgadas o que los sistemas causaron daño "involuntariamente". Pero la teología cristiana se resiste a estas evasivas. El pecado no es simplemente un error de cálculo, sino una distorsión de la relación con Dios y el prójimo. Cuando la tecnología media en la injusticia, lo hace porque los humanos la diseñaron, implementaron o toleraron. Confrontar el pecado en la IA es confrontar las decisiones y estructuras humanas que permiten que la injusticia persista.

La iglesia desempeña un papel único al identificar estas realidades. Al identificar la IA como un medio a través del cual opera el pecado, expone las dimensiones tanto personales como estructurales de la injusticia tecnológica. Llama a las personas al arrepentimiento, a las instituciones a reformarse y a las sociedades a rendir cuentas. También nos recuerda que el pecado no tiene la última palabra. La gracia, la reconciliación y la renovación siguen siendo posibles, incluso en la era digital. Esta convicción empodera a los cristianos a enfrentar el abuso de poder en la IA sin desesperanza, confiando en que la obra redentora de Dios puede transformar incluso las herramientas rotas de la invención humana.

Hacia una teología de la responsabilidad en la IA

La teología cristiana ofrece recursos para enmarcar la responsabilidad de maneras que resistan tanto la abdicación como la sobreextensión. En primer lugar, la *imago Dei* fundamenta la responsabilidad humana en nuestra vocación única como administradores de la creación. Estamos llamados a ejercer dominio no como dominación, sino como cuidado, asegurando que la tecnología contribuya al florecimiento de toda la creación. Esto nos recuerda que nuestra capacidad para inventar e implementar IA no es moralmente neutral, sino una responsabilidad sagrada que debe ejercerse con humildad y vigilancia.

En segundo lugar, la doctrina del pacto enfatiza la responsabilidad relacional. Así como Israel estaba vinculado por una responsabilidad pactada con Dios y su prójimo, también los seres humanos están vinculados entre sí en el diseño y la implementación de la IA. Toda decisión algorítmica conlleva consecuencias relacionales: afecta a los trabajadores que entrenan los datos, a los usuarios que dependen de los resultados y a las comunidades moldeadas por su implementación. El pacto nos recuerda que la responsabilidad no es una carga legal abstracta, sino un vínculo moral y espiritual que nos vincula con el bienestar de los demás.

En tercer lugar, la cruz de Cristo revela la naturaleza radical de la responsabilidad, al asumir el costo del pecado, no el propio. Este modelo sacrificial llama a los cristianos a aceptar la responsabilidad no solo por las acciones directas, sino también por la complicidad en sistemas injustos. En un mundo impulsado por la IA, esto puede significar reconocer nuestra participación en economías de consumo que explotan la mano de obra, o nuestra dependencia de plataformas que perpetúan la desinformación y la división. Asumir la responsabilidad implica una solidaridad costosa, alineándonos con quienes sufren el daño tecnológico y trabajando por su restauración.

En conjunto, estos recursos teológicos desafían tanto la abdicación de la responsabilidad ante las máquinas como la culpabilización de los individuos. Rechazan la narrativa que afirma que «nadie es responsable» cuando ocurre un daño, a la vez que resisten la tentación de atribuir la culpa a un solo actor cuando intervienen fuerzas sistémicas. En cambio, nos invitan a ver la responsabilidad como una vocación compartida arraigada en el amor a Dios y al prójimo, que exige tanto integridad individual como responsabilidad colectiva.

Esta teología de la responsabilidad también conlleva una dimensión esperanzadora. Nos asegura que la responsabilidad humana no debe asumirse en solitario, sino que se sustenta en la gracia de Dios y el poder del Espíritu. La responsabilidad no es simplemente una carga, sino un llamado a actuar con justicia, a decir la verdad, a reparar el daño y a construir sistemas que reflejen la justicia y la misericordia del reino de Dios. En este sentido, la responsabilidad se convierte en un don: la oportunidad de participar en la obra reconciliadora de Dios, incluso en el controvertido terreno de la IA.

Implicaciones para la educación teológica

Para los seminarios e instituciones teológicas, estas perspectivas tienen implicaciones prácticas. Los estudiantes que se preparan para el ministerio deben estar capacitados para desenvolverse en situaciones pastorales donde la IA influye en la acción humana y el discernimiento moral. Deben aprender a plantear preguntas críticas sobre la agencia y la rendición de cuentas, a interpretar las brechas de responsabilidad mediante categorías teológicas y a ofrecer una guía basada en la justicia y la compasión.

La educación teológica puede responder integrando cursos que abordan explícitamente la tecnología y la ética, estableciendo conexiones entre las doctrinas tradicionales y los desafíos contemporáneos. Los estudios de caso sobre IA en la atención médica, la justicia penal o el ministerio pastoral pueden ayudar a los estudiantes a afrontar situaciones reales. El diálogo interdisciplinario con campos como la informática, el derecho y la sociología puede ampliar la comprensión de los estudiantes sobre las fuerzas sociales que configuran la IA. De esta manera, los seminarios pueden preparar líderes con conocimientos no solo teológicos, sino también tecnológicos.

Sin embargo, la formación no puede reducirse al entrenamiento intelectual. Las prácticas espirituales son esenciales para formar líderes capaces de afrontar la complejidad moral de la IA con humildad y valentía. La oración, la confesión y el discernimiento en comunidad cultivan una actitud de atención al Espíritu de Dios, ayudando a los líderes a resistir tanto la arrogancia tecnocrática como el retraimiento temeroso. Estas prácticas recuerdan a los estudiantes que la responsabilidad no es simplemente un deber legal o profesional, sino una vocación basada en el amor a Dios y al prójimo.

Los seminarios también deben modelar la rendición de cuentas en sus propias prácticas institucionales. Esto podría incluir políticas transparentes sobre el uso de la IA en la docencia y la administración, compromisos con la privacidad de datos para estudiantes y docentes, y una reflexión crítica sobre cómo las plataformas digitales influyen en la pedagogía. Al promover el uso responsable de la tecnología, las instituciones teológicas demuestran a sus estudiantes cómo se traduce la participación fiel en la práctica.

Finalmente, la educación teológica debe cultivar la imaginación moral. Los estudiantes necesitan espacio para visualizar cómo la IA podría aprovecharse para el bien común, en particular para servir a los marginados y vulnerables. Este trabajo imaginativo permite a los futuros líderes ir más allá de la crítica hacia una interacción constructiva, ofreciendo visiones esperanzadoras de la tecnología que se alinean con la justicia y la misericordia de Dios. Al dotar a los líderes de discernimiento crítico e imaginación creativa, la educación teológica prepara a la iglesia para asumir la responsabilidad en un mundo moldeado por la IA.

Conclusión
Asumir la responsabilidad en la era de la IA

A medida que la IA se generaliza, crece la tentación de tratarla como un agente autónomo, ajeno al control humano, o como una mera herramienta que exime de responsabilidad a sus usuarios. La teología cristiana ofrece un camino más fiel. Afirma la singularidad de la agencia humana, insiste en la rendición de cuentas en medio de la complejidad y fundamenta la responsabilidad en el amor pactado y la administración responsable. Al hacerlo, capacita a la iglesia para dar testimonio de un Dios que considera a la humanidad responsable no como una carga, sino como un llamado a actuar con justicia, amar la misericordia y caminar con humildad en un mundo donde las acciones humanas y artificiales están cada vez más entrelazadas.

Asumir la responsabilidad en la era de la IA implica rechazar tanto la abdicación como la desesperación. Significa rechazar la narrativa de que nadie rinde cuentas cuando ocurre un daño, a la vez que resistir la tentación de culpar a las personas por fallas arraigadas en el pecado sistémico. En cambio, la iglesia está llamada a ser un modelo de responsabilidad compartida, donde las instituciones, las comunidades y las personas disciernen juntas cómo usar las tecnologías con justicia y cómo reparar el daño cuando ocurre. Esto requiere humildad para confesar la complicidad, valentía para decir la verdad al poder y creatividad para imaginar alternativas.

La responsabilidad en la era de la IA también exige vigilancia. Los sistemas de IA evolucionan rápidamente y sus efectos se extienden a la sociedad de maneras a menudo imprevistas. Vivir responsablemente implica permanecer atento, preguntarse continuamente quién se beneficia, quién sufre y qué valores se están amplificando. Se trata de garantizar que la innovación tecnológica no supere la reflexión moral y que la dignidad humana siga siendo central en cada decisión.

En definitiva, la responsabilidad cristiana es esperanzadora. Confía en que la gracia de Dios sustenta los esfuerzos humanos y que, incluso en un mundo configurado por algoritmos, el Espíritu empodera a la iglesia para vivir fielmente. Asumir la responsabilidad no se trata solo de gestionar riesgos, sino de participar en la obra reconciliadora de Dios. Al abrazar esta vocación, la iglesia testifica que la rendición de cuentas no es una carga que se debe evitar, sino un don que se debe aceptar, una forma de vivir con verdad y amor en comunidad.

De esta manera, la respuesta de la iglesia a la IA se convierte en un testimonio del evangelio mismo. A medida que los humanos y las máquinas se entrelazan cada vez más, el pueblo de Dios está llamado a demostrar que la responsabilidad moral no puede subcontratarse a los algoritmos. Esta responsabilidad recae en las comunidades de fe que caminan humildemente con Dios, buscan justicia para los oprimidos y encarnan la misericordia en un mundo ávido de integridad. Al hacerlo, la iglesia proclama que, incluso en la era digital, es Cristo quien define lo que significa vivir con responsabilidad.

Capítulo 6
Pedagogías de la presencia en una era desencarnada

Introducción
El desafío de la presencia
El auge de la inteligencia artificial y la tecnología digital ha transformado no solo lo que aprendemos, sino también cómo lo hacemos. Las aulas ahora son híbridas, las discusiones fluyen a través de plataformas en línea y las tareas pueden ser generadas o asistidas por máquinas. En esta era incorpórea, la presencia (la dimensión corpórea, relacional y espiritual de la enseñanza y el aprendizaje) enfrenta desafíos sin precedentes. ¿Cómo puede la educación teológica cultivar una presencia auténtica cuando las pantallas, los algoritmos y las herramientas mediadas por IA se interponen cada vez más entre profesores y estudiantes?

Este capítulo explora las pedagogías de la presencia como respuesta vital a los riesgos de la descorporeización en la educación moldeada por la IA. Argumenta que la presencia no se trata simplemente de proximidad física, sino de atención, relacionalidad e imaginación sacramental. Para seminarios e iglesias, cultivar la presencia en la pedagogía es esencial para formar líderes capaces de encarnar el amor de Cristo en un mundo fragmentado y mediado.

La pérdida de presencia en la cultura digital
La cultura digital tiende a fragmentar la atención y a disminuir los encuentros corporales. Las redes

sociales reducen las relaciones a imágenes seleccionadas e interacciones fugaces. El aprendizaje en línea, si bien ofrece flexibilidad, a menudo tiene dificultades para replicar la profundidad del diálogo presencial. Las herramientas basadas en IA, si bien son eficientes, pueden erosionar aún más el contacto humano al mediar la comunicación mediante sistemas automatizados. En tales contextos, la presencia se reduce fácilmente a las métricas de participación (inicios de sesión, clics o tiempo en línea), en lugar de a la interacción genuina.

Esta disminución de la presencialidad afecta no solo la forma en que las personas aprenden, sino también su relación con los demás. Cuando las plataformas digitales priorizan la velocidad, la novedad y la eficiencia, fomentan hábitos de distracción. Los estudiantes pueden realizar múltiples tareas durante las clases en línea, leer por encima en lugar de reflexionar, y analizar el contenido superficialmente en lugar de profundizar. Asimismo, los docentes pueden verse tentados a medir el éxito en términos de tasas de finalización o producción digital en lugar de en términos de transformación y formación. El resultado es una erosión de la atención y la profundidad relacional, fundamentales para una educación significativa.

Teológicamente, esta pérdida de presencia es significativa. La tradición cristiana afirma la encarnación como la presencia de Dios en carne y hueso y en la historia, y el culto se centra en prácticas de reunión, sacramentos y oración compartida. Cuando la educación se descorporiza, corre el riesgo de romper el vínculo entre aprendizaje y formación, entre conocimiento y comunidad. La presencia no es un elemento secundario de la educación teológica; es su

72

esencia, porque la formación en la semejanza con Cristo se da mediante la vida compartida, el diálogo y la práctica encarnada.

Al mismo tiempo, es importante reconocer que la cultura digital no elimina la posibilidad de la presencia, sino que redefine cómo cultivarla. El desafío no es solo lamentar lo perdido, sino discernir cómo fomentar la presencia auténtica incluso en contextos mediados. Esto requiere intencionalidad: crear ritmos de atención, resistir la mercantilización de las relaciones y reorientar la educación hacia la profundidad relacional y espiritual. Al hacerlo, la iglesia y las instituciones teológicas pueden resistir la reducción de la presencia a parámetros y redescubrirla como una práctica transformadora.

Fundamentación teológica de la presencia

La presencia en la teología cristiana no es simplemente física, sino relacional y sacramental. La presencia de Dios se manifiesta a través de la creación, de la Palabra y, sobre todo, de la Encarnación de Cristo. El Espíritu Santo hace presente a Dios en el culto de la iglesia, en la Escritura y en la vida de los creyentes. Hablar de presencia pedagógicamente, entonces, es afirmar que la enseñanza y el aprendizaje son más que una simple transferencia de información; son encuentros donde la gracia puede mediar, las relaciones se profundizan y la transformación se nutre.

La encarnación proporciona la base teológica más sólida para la presencia. En Cristo, Dios no permaneció distante, sino que entró en la plenitud de la vida humana, encarnando la solidaridad y el amor. Este misterio afirma que la verdadera presencia implica vulnerabilidad, empatía y compromiso personal. Para los educadores teológicos, esto significa que la enseñanza no se trata solo de transmitir conocimientos, sino de encarnar la presencia de Dios de maneras que inviten a los estudiantes a una comunión más profunda con Dios y entre sí.

Los sacramentos también iluminan el significado de la presencia. El pan y el vino, el agua y el aceite, elementos muy cotidianos se convierten en vehículos de la gracia divina. De igual manera, las prácticas cotidianas de la enseñanza (escuchar, dialogar, leer, orar) pueden volverse sacramentales cuando se ofrecen con atención al Espíritu de Dios. La presencia es sacramental porque revela que Dios obra a través de la interacción humana, dando a conocer su gracia en los encuentros cotidianos.

Esta base teológica desafía a los educadores a resistirse a reducir a los estudiantes a datos o resultados. Cada estudiante es portador de l *imago Dei,* digno de presencia, atención y cuidado. Estar presente para un estudiante es honrar su dignidad, verlo no solo como aprendices, sino como hijos amados de Dios. Asimismo, la presencia del maestro no es meramente funcional, sino formativa, encarnando paciencia, hospitalidad y sabiduría. En este sentido, la pedagogía se convierte en un espacio de práctica teológica, donde la presencia participa de la propia presencia de Dios con la creación.

Finalmente, el papel del Espíritu Santo al hacer presente a Dios nos recuerda que la presencia no se puede diseñar ni automatizar. Si bien la tecnología puede facilitar la comunicación, la verdadera presencia es un don del Espíritu, que se manifiesta en atención, amor y apertura a la transformación. Esto significa que, incluso en aulas digitales o híbridas, la presencia es posible cuando profesores y alumnos buscan la guía del

Espíritu y consideran su aprendizaje como una participación en la obra continua de Dios.

Prácticas de presencia en la enseñanza

Cultivar la presencia requiere práctica intencional. En las aulas físicas, esto puede significar priorizar el diálogo sobre la exposición, crear espacios para el silencio y la reflexión, y fomentar la comunidad mediante rituales compartidos de oración. En contextos digitales, la presencia puede cultivarse mediante prácticas como debates sincrónicos que enfatizan la atención, retroalimentación personalizada que transmite interés y registros intencionales que resisten la despersonalización.

Las prácticas de presencia comienzan con la atención. Los docentes pueden modelar la atención escuchando atentamente, nombrando a los estudiantes y respondiendo a sus preguntas con paciencia. Esta atención transmite valor y afirma la dignidad de cada estudiante. En las aulas digitales, la atención puede implicar identificar quién está ausente o callado, acercarse personalmente o crear oportunidades para que los estudiantes contribuyan de maneras que se adapten a su contexto. La presencia crece donde las personas se sienten vistas y escuchadas.

El diálogo es otra práctica fundamental. La educación teológica prospera cuando profesores y alumnos interactúan con la Escritura, la tradición y la experiencia contemporánea. Tanto en las aulas presenciales como en línea, el diálogo fomenta la presencia mutua; el aprendizaje se convierte en un viaje compartido en lugar de una transmisión unidireccional. La tecnología puede apoyar el diálogo mediante foros o grupos de trabajo, pero el objetivo debe ser siempre el encuentro genuino, no la mera actividad.

Los rituales corporales también sustentan la presencia. La oración compartida al principio o al final de la clase, los momentos de silencio o incluso los gestos de bendición pueden marcar el aprendizaje como una actividad sagrada. En contextos virtuales, prácticas sencillas como encender velas juntos, hacer una pausa para reflexionar u orar a través de las pantallas pueden recordar a los participantes que la presencia no se limita a la proximidad física. Estas prácticas conectan la pedagogía con la adoración, creando hábitos que se extienden más allá del aula.

Las herramientas de IA pueden integrarse sin socavar la presencia si se consideran como apoyo en lugar de sustitutos. Por ejemplo, la IA puede ayudar a organizar los materiales del curso, transcribir clases o proporcionar traducción, pero la esencia de la pedagogía debe seguir siendo relacional. El profesorado debe tener claro que, si bien la IA puede facilitar ciertas tareas, no puede sustituir el encuentro humano en el centro de la educación. De hecho, llamar la atención sobre estas limitaciones puede ser en sí mismo un acto pedagógico, recordando a los estudiantes lo que las máquinas no pueden ofrecer.

Finalmente, la presencia requiere vulnerabilidad y autenticidad por parte del propio profesorado. Cuando los educadores comparten sus propias dificultades, reconocen sus limitaciones e invitan a los estudiantes a una conversación genuina, encarnan la presencia de maneras que ninguna tecnología puede replicar. Esta autenticidad fomenta la confianza y crea un espacio para que los estudiantes se expresen plenamente en la comunidad de aprendizaje.

Presencia, Formación y Comunidad

Las pedagogías de la presencia también deben atender los objetivos más amplios de la educación teológica: la formación del carácter, la vocación y la comunidad. La presencia no se trata solo de relaciones personales, sino de forjar una vida comunitaria donde los estudiantes aprendan a llevar las cargas de los demás, a discernir juntos y a encarnar prácticas de justicia y compasión. En una era desencarnada, esta formación comunitaria requiere creatividad (grupos de oración virtuales, narración digital, culto híbrido), pero también un compromiso con los encuentros encarnados siempre que sea posible.

La formación en presencia implica cultivar hábitos que conectan el aprendizaje con el discipulado. Las prácticas en el aula deben modelar las virtudes de la atención, la paciencia, la humildad y la hospitalidad, fundamentales para la vida cristiana. Cuando los estudiantes experimentan estas virtudes, encarnadas por sus maestros y compañeros, aprenden no solo contenido teológico, sino también lo que significa vivir fielmente en comunidad. Esta formación los prepara para el ministerio, donde la presencia se pondrá a prueba en contextos de sufrimiento, conflicto e incertidumbre.

La comunidad es otra dimensión esencial de la presencia. La educación nunca es meramente individual, sino siempre comunitaria, moldeada por historias, prácticas y responsabilidades compartidas. En contextos digitales, el riesgo de aislamiento es alto: los estudiantes pueden sentirse como participantes anónimos en un vasto sistema. Las pedagogías de la presencia buscan superar esto fomentando proyectos compartidos, la reflexión colaborativa y rituales de pertenencia. Las cohortes en línea pueden ser comunidades de gracia cuando los docentes fomentan intencionalmente el cuidado mutuo y la responsabilidad.

La presencia también exige prestar atención a las voces marginadas. En los espacios de aprendizaje, ya sean físicos o digitales, las desigualdades de acceso y participación pueden pasarse por alto fácilmente. Cultivar la presencia significa garantizar que todos los estudiantes sean vistos y escuchados, que se respeten las diversas perspectivas y que quienes corren el riesgo de ser excluidos se integren a la comunidad. Esto refleja el llamado bíblico a la hospitalidad y la misión de la iglesia de ser un cuerpo donde cada miembro es valorado. La presencia, en este sentido, se convierte en una práctica de justicia.

En su máxima expresión, la presencia en la educación teológica es transformadora porque integra las dimensiones intelectuales, espirituales y comunitarias de la formación. Enseña a los estudiantes que no son pensadores aislados, sino miembros de un cuerpo llamado a dar testimonio juntos. Demuestra que la educación no se trata simplemente de información, sino de convertirse en una comunidad que refleja el amor de Cristo. De esta manera, las pedagogías de la presencia preparan líderes capaces de llevar estas prácticas a las congregaciones, las aulas y la sociedad en general.

La imaginación sacramental de la presencia

En su nivel más profundo, la presencia en la educación teológica puede entenderse sacramentalmente. Los sacramentos son signos que median la presencia divina a través de elementos cotidianos: pan, vino, agua. Asimismo, la pedagogía puede volverse sacramental cuando considera los encuentros de aprendizaje como ocasiones para que se revele la gracia de Dios. Esta imaginación ayuda a los educadores a ver incluso las interacciones digitales como posibles espacios de presencia, siempre que se aborden con atención, reverencia y amor.

La imaginación sacramental replantea las prácticas cotidianas del aula como momentos donde se puede discernir la presencia de Dios. Una conversación sobre un texto, compartir historias personales o la oración colectiva se convierten en algo más que un ejercicio académico; se convierten en una señal de la acción de Dios en la comunidad. Incluso en línea, cuando los estudiantes se detienen a escucharse atentamente, o cuando un profesor ofrece palabras de bendición a través de una pantalla, estos momentos pueden tener un peso sacramental. Revelan que la gracia de Dios no se limita al espacio físico, sino que nos encuentra en encuentros mediados.

Esta imaginación también nos protege contra la desesperación ante la mediación digital. Si bien es cierto que las pantallas pueden fragmentar la presencia, la imaginación sacramental insiste en que Dios obra a través de lo ordinario e imperfecto. Así como la gracia de Dios se media a través del pan y el vino comunes, también puede mediarse a través de las conexiones digitales cuando estas se orientan a la comunión y el amor. El reto para los educadores es cultivar prácticas que abran espacio a esta presencia en lugar de cerrarla mediante la distracción o la despersonalización.

Es importante destacar que una visión sacramental de la presencia no implica idealizar la tecnología. No sugiere que las herramientas digitales sean inherentemente sagradas, sino que la presencia de Dios se percibe dondequiera que las personas se reúnan en el nombre de Cristo. Invita a los educadores teológicos a abordar su pedagogía con reverencia, reconociendo que cada interacción es una oportunidad para la acción del Espíritu. Este replanteamiento eleva la importancia de la enseñanza y el aprendizaje, recordándonos que la educación no es solo formación intelectual, sino participación en la presencia continua de Dios en la creación.

En última instancia, la imaginación sacramental profundiza la pedagogía al situar la presencia en el misterio de la Encarnación y la obra del Espíritu. Afirma que la presencia de Dios no es abstracta, sino corpórea, relacional y transformadora. Cuando la educación teológica adopta esta visión, trata cada aula (ya sea física o digital) como un espacio sagrado, un espacio donde la presencia de Dios puede encontrarse en y a través de la presencia humana.

Conclusión
Presencia como testigo

En una era cada vez más mediada por la IA y los sistemas digitales, las pedagogías de la presencia son una forma de testimonio. Demuestran que la educación no se reduce a la eficiencia, la productividad ni la transferencia de información, sino que se trata de la formación de personas en comunidad ante Dios. Al cultivar la presencia, la educación teológica capacita a los líderes para encarnar el amor de Cristo en contextos donde la descorporización y la fragmentación son la norma.

Hablar de presencia como testimonio es afirmar que cada acto de atención, cada práctica de hospitalidad y cada momento de encuentro auténtico dan testimonio del evangelio. En un mundo donde los algoritmos median la atención y mercantilizan las relaciones, elegir estar presente para otra persona se convierte en un acto radical. Proclama que los seres humanos no son meros datos, sino portadores de la imagen de Dios, dignos de amor y dignidad.

Este testimonio trasciende el aula y se extiende a la vida de la iglesia y al mundo en general. Los líderes formados mediante pedagogías de presencia estarán preparados para guiar a las congregaciones que también están lidiando con la desvinculación digital, ofreciendo ministerios de presencia en hospitales, foros en línea, lugares de trabajo y vecindarios. Podrán resistir las presiones de la eficiencia y la productividad priorizando la atención, la escucha y la solidaridad encarnada. Al hacerlo, demuestran que la presencia no es simplemente una estrategia pedagógica, sino una vocación teológica.

La presencia como testimonio también tiene una dimensión escatológica. Apunta a la promesa última de la presencia de Dios en la creación, la visión del Apocalipsis donde Dios habita con la humanidad y enjuga toda lágrima. Cada pequeño acto de presencia anticipa ese futuro, encarnando en el presente una señal del reino venidero. La educación teológica que cultiva la presencia participa así de esta esperanza más amplia, enseñando a los estudiantes a vivir como comunidades que anticipan la redención final de Dios.

Tanto en las aulas, como en las iglesias y en los espacios digitales, la práctica de la presencia nos recuerda que el Verbo se hizo carne y habitó entre nosotros. Esta verdad ancla la pedagogía en el misterio de la Encarnación y envía líderes al mundo como testigos de la cercanía de Dios. Al aferrarse a la presencia en una era incorpórea, la educación teológica forma discípulos que encarnan el amor de Cristo, resisten las fuerzas de la fragmentación y proclaman con su vida que Dios está con nosotros, incluso aquí y ahora.

Capítulo 7
Evaluación de la integridad
Verdad, confianza y plagio en la era de la IA

Introducción
La crisis de la integridad

La inteligencia artificial ha trastocado las nociones tradicionales de integridad académica. Se pueden generar ensayos en segundos, redactar sermones mediante algoritmos y producir proyectos completos sin una sola frase humana. Este cambio tecnológico desafía a los educadores teológicos a preguntarse: ¿qué significa integridad cuando las máquinas pueden producir trabajos que parecen reflexivos, creativos y originales? La integridad en la educación teológica no se trata solo de prevenir la deshonestidad; se trata de cultivar la veracidad, la confianza y la responsabilidad en comunidades moldeadas por Cristo.

La magnitud del desafío es significativa. Las instituciones académicas han luchado durante mucho tiempo contra el plagio, pero la IA introduce un nuevo nivel de complejidad al desdibujar la línea entre la autoría humana y la asistencia de máquinas. Un ensayo escrito por un estudiante puede contener frases generadas por IA, ediciones sugeridas por algoritmos o argumentos completos construidos con poca reflexión humana. Los sermones y devocionales se producen cada vez más con la ayuda de herramientas generativas, lo que plantea interrogantes sobre la autoría, la autenticidad y la responsabilidad pastoral. Estos cambios no son marginales; afectan la esencia de la tarea de la educación teológica de formar líderes capaces de pensar, hablar y actuar con veracidad.

Lo que está en juego es más que el cumplimiento de los códigos académicos. La educación teológica no se trata simplemente de la transferencia de información, sino de formar discípulos cuyas vidas reflejen al Dios de la verdad. Por lo tanto, la integridad debe verse como una práctica espiritual y comunitaria, no solo como una regla académica. La cuestión no es solo cómo detectar la deshonestidad, sino cómo formar comunidades donde se ame la verdad, la confianza sea posible y la fidelidad a Dios se viva en el estudio y el ministerio.

Este capítulo explora cómo debe repensarse la integridad considerando la IA. Examina la naturaleza cambiante del plagio, el papel de la confianza en las comunidades teológicas y la base teológica más profunda de la verdad como fidelidad a Dios. El argumento es que evaluar la integridad en la era de la IA requiere más que salvaguardas técnicas; requiere cultivar comunidades de honestidad, discernimiento y responsabilidad pactada.

El panorama cambiante del plagio

Tradicionalmente, el plagio se entendía como copiar el trabajo de otra persona sin atribución. En la era de la IA, los límites se difuminan. Cuando un estudiante entrega un ensayo escrito con una herramienta de IA, ¿se trata de plagio, colaboración o algo completamente nuevo? Cuando los pastores usan IA para redactar un sermón, ¿constituye esto robo, pereza o ayuda legítima? Estas preguntas exponen la insuficiencia de categorías antiguas y exigen un nuevo discernimiento.

Parte de la dificultad radica en que el texto generado por IA no proviene de una única fuente identificable. El plagio tradicional implicaba tomar prestadas palabras o ideas de otro autor sin citar su autoría. Sin embargo, los sistemas de IA generan resultados sintetizando patrones a partir de conjuntos de datos masivos. Esto significa que el texto resultante no es una copia en el sentido convencional, pero tampoco es la obra original del estudiante o predicador. La ambigüedad genera confusión: ¿qué se considera deshonestidad intelectual cuando las categorías mismas de autoría y originalidad están cambiando?

Teológicamente, el plagio siempre ha sido más que una violación académica. Es una falta de veracidad, una tergiversación de uno mismo y del prójimo. Socava el propósito formativo de la educación teológica al sustituir el aprendizaje por atajos. En un mundo dominado por la IA, la tentación de externalizar el pensamiento a las máquinas magnifica este peligro. Los estudiantes pueden verse tentados a ver el aprendizaje como un desempeño en lugar de una formación, reduciendo la educación a la producción de textos pulidos en lugar del cultivo de la sabiduría.

Este panorama cambiante también supone un reto para los educadores. Las políticas redactadas en épocas anteriores podrían no abordar adecuadamente la IA. Prohibir simplemente su uso suele ser impráctico, mientras que su aceptación acrítica corre el riesgo de erosionar los estándares de integridad. La tarea consiste en elaborar directrices que reconozcan la presencia de la IA, insistiendo al mismo tiempo en que la labor fundamental del aprendizaje (reflexión crítica, discernimiento moral e imaginación teológica) no puede delegarse en las máquinas.

En definitiva, el desafío del plagio en la era de la IA exige que la educación teológica trascienda un modelo de control hacia un modelo formativo. En lugar de preguntarse únicamente: "¿Hizo trampa algún estudiante?", los educadores también deben preguntarse: "¿Cómo estamos formando estudiantes que amen la verdad por encima de la conveniencia?". Al replantear el plagio como una cuestión de discipulado y no de mero cumplimiento, las instituciones teológicas pueden ayudar a los estudiantes a comprender que la integridad no solo importa para las calificaciones, sino también para la fidelidad a Dios y al prójimo.

Integridad como veracidad

La teología cristiana fundamenta la integridad en el carácter de Dios, quien es verdad y cuya Palabra es confiable. Vivir con integridad significa alinear la vida con la verdad de Dios, rechazando el engaño y la deshonestidad. En la educación, esto significa que la búsqueda del conocimiento es inseparable de la búsqueda de la santidad. La integridad no se trata solo de evitar la falsedad, sino de encarnar la veracidad en el estudio, la enseñanza y la vida en comunidad.

La veracidad en la tradición cristiana va más allá de la exactitud fáctica. Se trata de fidelidad, transparencia y plenitud de vida. Una persona íntegra no está dividida; lo que profesa y lo que practica son coherentes. Para los estudiantes, esto significa que su trabajo académico debe ser un reflejo honesto de su propio compromiso con las ideas, incluso cuando sean imperfectas o incompletas. Para los docentes, significa ser un ejemplo de honestidad en la investigación, reconocer las fuentes, admitir las limitaciones y resistir la tentación de presentar más certeza de la que permite la evidencia.

Esta visión teológica replantea el debate sobre el plagio. La pregunta no es simplemente "¿qué reglas se rompieron?", sino "¿cómo nuestras prácticas nos transforman en personas de verdad o de falsedad?". Cuando los estudiantes tergiversan su trabajo, se perjudican no solo a sí mismos, sino a toda la comunidad de confianza. Cuando los maestros ignoran la deshonestidad, fracasan en su vocación de formar discípulos de la verdad. La integridad, entonces, se trata menos de obediencia y más de discipulado, de moldear el carácter en conformidad con el Dios que es verdad.

La IA desafía esto al facilitar y dificultar la detección de la deshonestidad, pero también ofrece la oportunidad de recuperar el significado más profundo de la veracidad. La presencia de la IA obliga a educadores y estudiantes a preguntarse por qué la honestidad es importante en primer lugar. Obliga a las instituciones a articular la integridad no como un requisito externo, sino como una virtud interna arraigada en la fidelidad a Dios. De esta manera, la integridad se reivindica como una dimensión central de la formación teológica.

La confianza y el pacto educativo

La integridad es inseparable de la confianza. La educación teológica depende de la confianza entre estudiantes y profesores, entre instituciones y comunidades, y, en última instancia, entre los seres humanos y Dios. La IA perturba esta confianza al dificultar saber quién es responsable de un texto o una idea determinados. Sin confianza, la evaluación se convierte en vigilancia y el aprendizaje se reduce a la sospecha.

Sin embargo, la confianza no puede reemplazarse únicamente con tecnologías de detección. Si bien los detectores de plagio o los identificadores de IA pueden servir como salvaguardias, no pueden generar la confianza mutua que sustenta las comunidades de aprendizaje genuinas. La confianza surge de relaciones de honestidad, responsabilidad y fidelidad. Se cultiva cuando los docentes tratan a los estudiantes como personas íntegras y cuando los estudiantes ven a los docentes modelar la misma integridad en su trabajo académico y pedagógico.

Un enfoque de pacto ofrece un camino diferente. En las Escrituras, un pacto establece relaciones de fidelidad, rendición de cuentas y responsabilidad mutua. Aplicar esto a la educación significa que la integridad se sustenta no solo mediante la vigilancia, sino cultivando comunidades de confianza. Los estudiantes se comprometen con la honestidad no por temor al castigo, sino porque son responsables ante Dios y el prójimo. Los docentes defienden la integridad no solo imponiendo reglas, sino modelando la transparencia y la veracidad en su propio trabajo.

Esta visión de pacto replantea las políticas y prácticas. Los códigos de honor, las oraciones comunitarias de compromiso y los rituales compartidos de rendición de cuentas pueden ayudar a encarnar la integridad como una vocación compartida. Las instituciones pueden fomentar entornos donde los estudiantes se sientan seguros para admitir sus dificultades, pedir ayuda y madurar en lugar de esconderse tras el engaño. De esta manera, la integridad se convierte en un pacto relacional, no en una carga individual.

Teológicamente, la confianza va más allá de las relaciones humanas, hacia el Dios fiel. La integridad en la educación refleja la confianza en la veracidad de Dios y cultiva hábitos de fidelidad que preparan a los estudiantes para el ministerio. Al cimentar la confianza en el pacto, la educación teológica resiste las culturas de sospecha y vigilancia, dando testimonio, en cambio, de la invitación del Evangelio a vivir como personas de verdad y confianza.

Formación a través de la evaluación

La evaluación en la educación teológica debe ir más allá de la detección de la deshonestidad y centrarse en la formación en integridad. Esto requiere diseñar tareas que fomenten el pensamiento original, la aplicación contextual y la reflexión personal, tareas que no pueden subcontratarse fácilmente a la IA. También requiere integrar conversaciones sobre integridad en los planes de estudio, ayudando a los estudiantes a comprender por qué la honestidad es importante desde el punto de vista teológico, no solo académico.

La evaluación formativa prioriza el crecimiento sobre el rendimiento. Invita a los estudiantes a explorar ideas, asumir riesgos intelectuales y reflexionar sobre su proceso de aprendizaje. Al crear espacios para la vulnerabilidad y la imperfección, los educadores reducen la tentación de hacer trampa y fomentan entornos donde es posible decir la verdad. De esta manera, la evaluación en sí misma se convierte en una herramienta para cultivar la integridad.

Una implicación práctica es el diseño de tareas que conectan el aprendizaje con la experiencia vivida.

Los trabajos de reflexión, los estudios de caso y los proyectos contextuales animan a los estudiantes a inspirarse en sus propias historias y contextos ministeriales, lo que hace que la subcontratación deshonesta sea menos atractiva y significativa. El trabajo colaborativo, bien estructurado, también puede fomentar la responsabilidad y la interdependencia, reforzando las dimensiones comunitarias de la integridad.

Otra implicación es el papel de la retroalimentación. La retroalimentación personalizada y constructiva transmite la presencia del profesorado, su atención y su compromiso con el crecimiento de los estudiantes. Esta presencia fomenta la confianza y reduce el anonimato que a menudo alimenta la deshonestidad. Cuando los estudiantes saben que su trabajo será leído con atención y respondido con atención, es más probable que participen honestamente en el proceso.

La evaluación también puede ser sacramental a su manera: una práctica donde la verdad y la gracia se unen. Al enmarcar la evaluación como parte del discipulado, los educadores teológicos recuerdan a los estudiantes que su trayectoria académica es inseparable de su trayectoria espiritual. Calificar, entonces, no es un simple juicio, sino una oportunidad para animar, corregir y crecer en santidad.

En última instancia, la evaluación debe orientarse hacia la formación en semejanza con Cristo. Cuando las tareas y evaluaciones se diseñan con este telos, la integridad se convierte en algo más que una regla a seguir; se convierte en una forma de ser moldeados a la semejanza del Dios de la verdad.

El papel de la tecnología en la protección de la integridad

Si bien la formación es fundamental, las herramientas tecnológicas también pueden contribuir a salvaguardar la integridad. El software de detección de plagio, los identificadores de resultados de IA y las políticas transparentes sobre el uso aceptable pueden fomentar comunidades de confianza. Sin embargo, confiar en estas herramientas no debe reemplazar la labor más profunda de formación moral y espiritual. La tecnología puede revelar la deshonestidad, pero no puede cultivar la honestidad. Esa tarea corresponde a los educadores, a las comunidades y al Espíritu que forja la verdad en el ser interior.

Si se utiliza con prudencia, la tecnología puede ayudar a reforzar la integridad en lugar de socavarla. Unas directrices claras sobre qué constituye un uso apropiado e inapropiado de la IA pueden ayudar a los estudiantes a sortear las zonas grises. Las herramientas que detectan similitudes o rastrean fuentes pueden servir de ayuda tanto para estudiantes como para docentes, no solo como mecanismos de control, sino como oportunidades para enseñar la atribución correcta y la investigación responsable. De esta manera, las tecnologías de detección pueden convertirse en recursos pedagógicos, reforzando el valor de la veracidad en lugar de infundir miedo.

Las instituciones también deben ser transparentes en el uso de la tecnología. Los estudiantes deben saber cómo se supervisa su trabajo y con qué propósito. El uso secreto o excesivamente punitivo de la vigilancia erosiona la confianza y puede generar resentimiento. Por el contrario, una conversación abierta sobre estas herramientas, enmarcada en un pacto de responsabilidad mutua, puede fortalecer el compromiso comunitario con la integridad. Cuando la tecnología se utiliza de manera que honra la dignidad y fomenta el aprendizaje, refuerza la confianza en lugar de sustituirla.

Al mismo tiempo, los educadores deben modelar una interacción crítica con estas herramientas. Así como los resultados de la IA pueden tener fallos, los detectores de plagio también pueden producir falsos positivos o pasar por alto sutiles formas de deshonestidad. Los docentes deben ejercer juicio, compasión y discernimiento en lugar de delegar las decisiones completamente en las máquinas. Al hacerlo, encarnan la misma integridad que buscan cultivar en los estudiantes.

En última instancia, el papel de la tecnología es de apoyo y secundario. Puede arrojar luz sobre la deshonestidad, aclarar las expectativas y ayudar a enseñar una erudición responsable, pero no puede crear comunidades íntegras. La iglesia y sus instituciones educativas deben recordar que la integridad se forma mediante prácticas de veracidad, confianza y responsabilidad, prácticas que ningún algoritmo puede generar. La tecnología puede facilitar el camino, pero la formación de líderes honestos y fieles pertenece a la obra del Espíritu en la vida de la comunidad.

Conclusión
La integridad como testimonio
En la era de la IA, la integridad es a la vez más desafiante y esencial. No basta con prevenir el plagio; la educación teológica debe cultivar comunidades donde se ame la verdad, se fomente la confianza y la integridad se encarne como testimonio del Dios de la verdad. La

integridad no es solo un requisito académico, sino una vocación teológica. Al formar líderes que encarnan la veracidad en el estudio, el ministerio y la vida, la educación teológica da testimonio del evangelio en un mundo inundado de engaño y simulación.

Tratar la integridad como testimonio implica reconocer que la honestidad en el aula es inseparable de la honestidad en el púlpito, en la atención pastoral y en el ámbito público. Los hábitos de decir la verdad que se cultivan en la educación forjan la credibilidad del testimonio cristiano en el mundo. Cuando los líderes resisten la tentación de delegar el pensamiento a las máquinas o de tergiversar su trabajo, encarnan la integridad del evangelio. Sus palabras y acciones dan testimonio de que la verdad importa porque Dios es verdad, y que la confianza es posible porque Dios es fiel.

Este testimonio se necesita con urgencia en una cultura donde las falsificaciones profundas difuminan la realidad, la desinformación se propaga rápidamente y la simulación a menudo se disfraza de autenticidad. La iglesia puede ofrecer un testimonio contracultural al insistir en que la veracidad no es negociable, incluso cuando la conveniencia lo exige. La integridad se convierte en un acto de resistencia contra la mercantilización del conocimiento y la mecanización de la creatividad. Declara que los seres humanos, creados a imagen de Dios, están llamados a vivir con veracidad ante Dios y el prójimo.

La integridad como testimonio también tiene una dimensión comunitaria. Cuando las instituciones modelan la transparencia, los docentes encarnan la honestidad y los estudiantes se comprometen con un aprendizaje fiel, juntos forman una comunidad que refleja la veracidad de Dios. Esta comunidad se convierte en un signo del reino, donde la confianza, la responsabilidad y el amor prevalecen sobre la sospecha y el engaño. En este sentido, la integridad no se trata simplemente de la moralidad individual, sino de forjar un pueblo cuya vida en comunidad apunta al reino de Dios.

En definitiva, el llamado a la integridad en la era de la IA es un llamado al discipulado. Invita tanto a estudiantes como a profesores a caminar en la luz, a hablar la verdad con amor y a confiar en que el Espíritu moldea la verdad en el ser interior. Al aferrarse a la integridad, la educación teológica proclama que, incluso en un mundo digital de algoritmos y simulaciones, Cristo (el Verbo hecho carne) sigue siendo la medida y el modelo de la verdad. Encarnar esta integridad es dar fiel testimonio del Dios que está con nosotros, guiándonos hacia toda la verdad.

Capítulo 8
Liturgias de la tecnología
Formando el alma en entornos digitales

Introducción
La tecnología como liturgia

Toda tecnología, ya sea antigua o moderna, va más allá de satisfacer necesidades prácticas; moldea nuestros hábitos, deseos e imaginación. Las redes sociales, los teléfonos inteligentes y las herramientas de inteligencia artificial no son instrumentos neutrales; funcionan como liturgias culturales, moldeando silenciosamente el alma mediante prácticas repetidas y patrones de vida encarnados. Para la educación teológica, el desafío no es solo analizar las funciones de la tecnología, sino discernir su poder formativo. ¿Cómo moldean las herramientas digitales lo que amamos, lo que creemos y cómo adoramos? ¿Cómo podría la iglesia cultivar contraliturgias que orienten nuestros deseos hacia Dios?

Este capítulo explora las dimensiones litúrgicas de la tecnología y sus implicaciones para la formación espiritual. Argumenta que los entornos digitales funcionan como espacios de adoración (a veces a Dios, a menudo a ídolos) y que la educación teológica debe ayudar a los estudiantes a reconocer y resistir estos poderes formativos. La tarea no consiste en abandonar la tecnología, sino en discernir cómo sus liturgias pueden reorientarse hacia prácticas que profundicen la fe, la justicia y el amor.

El poder formativo de las prácticas digitales

Las tecnologías no solo nos ofrecen contenido; nos habitúan. Las notificaciones nos acostumbran a anhelar estimulación constante. Los motores de búsqueda nos condicionan a esperar respuestas instantáneas. Las redes sociales nos enseñan a medir nuestro valor por los "me gusta" y las veces que se comparte. Los sistemas de IA se anticipan cada vez más a nuestras necesidades, moldeando sutilmente nuestras decisiones y deseos. Estas no son solo herramientas, sino prácticas que moldean nuestra identidad con el tiempo.

James KA Smith ha descrito las prácticas culturales como "liturgias seculares", rituales que moldean nuestros amores y dirigen nuestros corazones hacia visiones opuestas de la buena vida. Las tecnologías digitales funcionan de esta manera. Iniciar sesión en plataformas, deslizar, navegar y dar "me gusta" se convierten en rituales diarios que orientan nuestra atención y devoción. La liturgia del teléfono inteligente inicia y termina la jornada de muchas personas, moldeando ritmos de descanso y trabajo, intimidad y distracción. Estas prácticas nos moldean, a menudo más profundamente de lo que creemos.

El poder formativo de las prácticas digitales trasciende lo cognitivo, abarcando dimensiones afectivas y corporales. La descarga de dopamina de una notificación, la necesidad incesante de actualizar el feed, la postura corporal de encorvarse sobre una pantalla brillante: estos son actos corporales que, repetidos a diario, moldean nuestros deseos y nuestra forma de habitar el mundo. Nos enseñan a preferir la inmediatez a la paciencia, la distracción a la contemplación, la eficiencia a la profundidad. De esta manera, la tecnología se convierte en una especie de pedagogía, enseñándonos hábitos del corazón sin jamás explicitar su currículo.

Por eso, los educadores teológicos deben considerar las prácticas digitales como espiritualmente significativas. Así como las liturgias antiguas entrenan el cuerpo mediante la hinca, el canto y el silencio, también las liturgias digitales nos entrenan mediante gestos como deslizar, escribir y desplazarse. El peligro reside en que estas prácticas a menudo nos moldean sin que nos demos cuenta, moldeando nuestros amores de maneras que nos alejan del reino de Dios y nos acercan a visiones opuestas de prosperidad. Reconocer el poder formativo de las prácticas digitales es el primer paso para discernir cómo podemos resistirlas, reorientarlas o redimirlas.

La idolatría y las tentaciones de la tecnología

El peligro es que las liturgias digitales se conviertan en formas de idolatría. Prometen conexión, pero fomentan el aislamiento, prometen conocimiento, pero generan distracción, prometen eficiencia, pero profundizan la ansiedad. Cuando la tecnología domina nuestro tiempo, atención y deseo, corre el riesgo de convertirse en un dios rival. Los teólogos deben identificar estas idolatrías con claridad. Las redes sociales pueden convertirnos en un pueblo que adora el reconocimiento; los asistentes de inteligencia artificial pueden convertirnos en un pueblo que adora la eficiencia; los servicios de streaming pueden convertirnos en un pueblo que adora el consumo sin límites.

La idolatría no se trata simplemente de falsas creencias, sino de amores desordenados. Agustín nos recuerda que el pecado es amar los bienes inferiores más que a Dios. Las liturgias digitales a menudo reordenan nuestros amores de manera sutil, convirtiendo las herramientas en maestros. Reconocer este peligro es el primer paso para recuperar la tecnología como un espacio de formación fiel, en lugar de un cautiverio idólatra.

Los ídolos de la tecnología a menudo se disfrazan del lenguaje del progreso. Nos dicen que la conectividad constante nos hace más humanos, que la eficiencia equivale a la prosperidad y que el entretenimiento trae descanso. Sin embargo, bajo estas promesas se esconde una cautividad más profunda. Las redes sociales pueden alimentar la envidia, la comparación y el orgullo. Los sistemas impulsados por la IA pueden tentarnos a renunciar a la responsabilidad del juicio y la sabiduría. El desplazamiento interminable puede embotar nuestra capacidad de asombro y contemplación. Estos no son efectos secundarios neutrales; son signos de una cultura de idolatría, donde nuestra devoción se aleja del Dios vivo hacia las falsas promesas de la tecnología.

Las Escrituras ofrecen imágenes vívidas para identificar tales tentaciones. Al igual que el becerro de oro de Israel, las tecnologías se convierten en ídolos cuando encarnan nuestro deseo de control, visibilidad o inmediatez. Al igual que el imperio de Babilonia, los sistemas digitales pueden seducirnos a adorar el poder, la riqueza y la dominación. La tarea de la iglesia y la educación teológica es ayudar a los estudiantes y a las comunidades a discernir cuándo la tecnología ha traspasado este umbral, exponiendo sus idolatrías y llamando a la gente a volver a adorar al Dios verdadero.

Sin embargo, incluso aquí, la gracia permanece. Al identificar la idolatría, abrimos la puerta al arrepentimiento y la reorientación. Las tecnologías, una vez expuestas como falsos dioses, pueden recuperarse como herramientas al servicio de la misión de Dios. El desafío no es solo criticar, sino discernir cómo las prácticas de resistencia fiel pueden desenmascarar la idolatría y redirigir nuestro amor hacia el Creador.

Contraliturgias
Prácticas de resistencia y renovación

Si las tecnologías funcionan como liturgias, la iglesia debe cultivar contraliturgias, prácticas intencionales que redirijan nuestros deseos hacia Dios. El descanso sabático interrumpe la liturgia de la conectividad constante. Las comidas compartidas se oponen a la liturgia del consumo aislado. La oración ante las pantallas reivindica la atención hacia Dios. En el aula, esto podría significar ritmos intencionales de silencio, prácticas de adoración encarnadas o una reflexión crítica sobre los hábitos digitales.

Las contraliturgias no se tratan de rechazar la tecnología por completo, sino de integrarla en prácticas que priorizan a Cristo. Por ejemplo, el ritmo de la oración diaria interrumpe el flujo interminable de noticias, conectando a los creyentes con la historia de Dios en lugar de la narrativa del algoritmo. Ayunar de dispositivos digitales, incluso por breves periodos, puede revelar la profundidad de nuestra dependencia y reavivar nuestro anhelo por Dios. Las liturgias de servicio (actos de cuidado de los pobres, los enfermos o los marginados) reorientan nuestros cuerpos y deseos, alejándolos del consumo egocéntrico hacia el amor cristiano.

En la educación teológica, las contraliturgias pueden integrarse en la pedagogía. Los profesores podrían comenzar la clase con oración y silencio, marcando este tiempo como sagrado y no meramente informativo. Se podría invitar a los estudiantes a compartir testimonios sobre cómo la tecnología influye en su vida diaria, seguido de una reflexión comunitaria sobre cómo resistir patrones perjudiciales. Las tareas podrían incluir auditorías digitales, donde los estudiantes examinen sus propias prácticas tecnológicas y creen ritmos intencionales de resistencia que cultiven la atención a Dios.

La adoración es la principal contraliturgia de la iglesia. Reunirse en torno a la Palabra y la Mesa forma a los creyentes en patrones de gracia que resisten las idolatrías de la eficiencia, la distracción y la autopromoción. Cuando la iglesia adora fielmente, proclama que nuestro valor no se mide por gustos, productividad ni algoritmos, sino por el amor de Dios revelado en Cristo. La adoración nos enseña a descansar, a dar gracias y a ofrecernos como sacrificios vivos. Estas prácticas transforman nuestra imaginación, abriendo espacio para que la tecnología sirva en lugar de esclavizar.

En definitiva, las contraliturgias cultivan la libertad. Nos recuerdan que, si bien las tecnologías digitales tienen el poder de moldearnos, no nos determinan. Al participar en prácticas que reorientan el deseo, los cristianos aprenden a vivir en el mundo de las liturgias digitales sin conformarse a ellas. En cambio, se transforman mediante la renovación de sus mentes, capaces de discernir la voluntad de Dios en medio de la complejidad tecnológica.

El papel de la IA en la formación litúrgica

La IA intensifica el poder formativo de la tecnología al personalizar las liturgias digitales. Los algoritmos seleccionan canales diseñados para captar la atención, moldeando los deseos con mayor precisión. Los sistemas de recomendación guían lo que vemos, leemos y compramos, a menudo limitando nuestros horizontes en lugar de ampliarlos. En este sentido, la IA funciona como un sacerdote de las liturgias digitales, mediando valores y dirigiendo la devoción hacia el consumismo, la distracción o el control.

Lo que hace a la IA excepcionalmente poderosa es su adaptabilidad. A diferencia de las tecnologías estáticas, la IA aprende de nuestros comportamientos, prediciéndonos y guiándonos hacia patrones que refuerzan sus propios objetivos. Esto crea ciclos de retroalimentación en los que nuestros deseos no solo se satisfacen, sino que se reconfiguran sutilmente. Una plataforma impulsada por IA que se anticipa constantemente a nuestras necesidades puede, con el tiempo, acostumbrarnos a esperar la inmediatez, la personalización y la gratificación como norma. Se trata de una especie de formación espiritual, aunque a menudo al servicio de los intereses del mercado en lugar del reino de Dios.

La IA también plantea cuestiones teológicas sobre la autoridad y la mediación. Cuando los algoritmos determinan qué noticias vemos, qué canciones escuchamos o qué recursos espirituales se sugieren, asumen roles que antes ocupaban pastores, maestros o comunidades de discernimiento. Sin una reflexión cuidadosa, la IA puede convertirse en una guía litúrgica no reconocida, moldeando cómo las personas encuentran la verdad, la belleza y el significado. Su autoridad rara vez se cuestiona porque su influencia se esconde tras la conveniencia.

Para la educación teológica, esto requiere estrategias intencionales de discernimiento. Los estudiantes deben aprender a identificar cómo la IA moldea sus liturgias diarias de atención y deseo. Esto podría implicar analizar los algoritmos detrás de las plataformas que utilizan, reflexionar sobre cómo los sistemas de recomendación afectan su imaginación o practicar hábitos que resistan el control algorítmico, como elegir fuentes fuera de feeds seleccionados o participar en disciplinas de silencio y contemplación.

La iglesia, asimismo, debe discernir cómo interactuar con la IA sin ceder a su influencia formativa. Esto puede implicar cultivar prácticas de discernimiento digital, enseñando a los creyentes a reconocer cuándo los algoritmos moldean sus amores. Puede implicar abogar por un diseño ético que resista la explotación de la atención y proteja a los vulnerables. Sobre todo, requiere centrar la adoración en Cristo, quien solo puede ordenar nuestros amores correctamente y quien proporciona la verdadera liturgia que reorienta a todos los demás.

Imaginación litúrgica para la educación teológica

Hablar de tecnología litúrgicamente es recuperar la imaginación. La educación teológica debe ayudar a los estudiantes a ver más allá de la superficie de las herramientas, a los rituales y narrativas que encarnan. La imaginación litúrgica nos permite percibir cómo las tecnologías moldean el tiempo, la atención y la comunidad. También nos empodera para reimaginar la pedagogía, el culto y el ministerio de maneras que alteren las liturgias perjudiciales y cultiven prácticas de presencia fiel.

La imaginación litúrgica comienza por identificar las prácticas que ya se llevan a cabo. Los docentes pueden guiar a los estudiantes para que examinen cómo los ritmos digitales (revisar el teléfono al despertar, navegar antes de dormir, realizar múltiples tareas durante las clases) funcionan como rituales formativos. Al identificar estas prácticas como liturgias, los educadores descubren su significado espiritual e invitan a los estudiantes a reflexionar críticamente sobre cómo se están moldeando sus amores. Este reconocimiento rompe la ilusión de neutralidad y replantea los hábitos cotidianos como espacios de discipulado.

Pero la imaginación litúrgica no es solo deconstructiva, sino también constructiva. Empodera a los educadores teológicos a diseñar currículos, cultos y vida comunitaria que formen intencionalmente al alumnado mediante prácticas alternativas. En el aula, esto podría implicar la integración de la oración, el silencio y rituales corporales junto con conferencias y debates. Podría incluir oportunidades de aprendizaje-servicio que arraiguen la educación en actos de justicia y misericordia, o prácticas narrativas que conecten la reflexión teológica con la experiencia vivida. Estas contraliturgias cultivan la atención a la presencia de Dios y orientan al alumnado hacia el reino.

La imaginación litúrgica también influye en la interacción de los educadores con la tecnología. En lugar de rechazar las herramientas digitales o adoptarlas acríticamente, los docentes pueden discernir cómo enmarcar su uso en prácticas formativas más amplias. Por ejemplo, un profesor podría animar a los estudiantes a usar herramientas de IA como apoyo en la investigación, a la vez que les exige diarios reflexivos que examinen cómo la dependencia de estas herramientas influye en su pensamiento. En el culto, las comunidades podrían transmitir servicios en vivo, pero combinarlos con reuniones intencionales que enfaticen la comunión encarnada. El objetivo es integrar la tecnología en prácticas que prioricen la historia de Dios.

En definitiva, la imaginación litúrgica permite que la educación teológica considere cada decisión pedagógica como formativa. El inicio de una clase, la estructura de las tareas, la integración de la tecnología: cada decisión contribuye a moldear vidas y dirigir el culto. Cuando los educadores adoptan esta visión, se convierten en líderes litúrgicos y guías intelectuales, ayudando a los estudiantes a discernir no solo qué pensar, sino también cómo vivir como adoradores de Dios en un mundo digital.

Conclusión
Adorar a Dios en la era digital
En última instancia, la pregunta no es si seremos moldeados por las liturgias digitales, sino qué liturgias nos moldearán. La tecnología seguirá estructurando el tiempo, la atención y el deseo; el desafío es si estas estructuras nos dirigen hacia ídolos o hacia Dios. El llamado de la iglesia es desenmascarar las falsas liturgias y encarnar la verdadera adoración: la ofrenda de nuestras vidas a Dios en Cristo.

Adorar a Dios en la era digital es confesar que ningún algoritmo, plataforma o dispositivo puede exigir nuestra lealtad absoluta. Es resistir a los falsos dioses de la eficiencia, el reconocimiento y el consumo, y reafirmar que nuestra identidad más profunda reside en la comunión con Dios y el prójimo. La adoración nos recuerda que no nos definen las métricas de productividad o popularidad, sino el amor de Dios derramado en Cristo y hecho presente a través del Espíritu.

Esta visión exige que la educación teológica forme líderes capaces de guiar a las comunidades a través de las complejidades de la vida digital con discernimiento y valentía. Estos líderes no solo criticarán las idolatrías tecnológicas, sino que también encarnarán prácticas alternativas que den testimonio del reino de Dios. Enseñarán a las congregaciones a orar en tiempos de distracción, a descansar en medio de las exigencias de la conectividad y a amarse mutuamente de maneras que trasciendan las conexiones superficiales de la cultura digital.

Adorar a Dios en la era digital también requiere esperanza. La ubicuidad de la tecnología puede tentarnos a la desesperación, pero la fe cristiana proclama que ninguna fuerza cultural es definitiva. Cristo es Señor en todos los ámbitos, incluido el digital. El Espíritu obra incluso en los espacios mediados, llamando a las personas a la fe y formándolas en comunidades de gracia. Esta seguridad empodera a la iglesia para no huir de la tecnología por miedo ni abrazarla acríticamente, sino para habitarla con discernimiento, creatividad y fidelidad.

Al cultivar contraliturgias, la educación teológica participa en este llamado. Al ayudar a los estudiantes a discernir el poder formativo de las prácticas digitales, resistir la idolatría y adoptar prácticas que ordenan el amor hacia Dios, capacita a los líderes para pastorear comunidades fielmente en la era digital. De esta manera, la pedagogía misma se vuelve litúrgica: una participación en la obra del Espíritu de moldear corazones y mentes para la adoración al Dios vivo. Adorar en la era digital es proclamar con nuestras vidas que Cristo, y no la tecnología, es quien mantiene todas las cosas unidas y el único digno de nuestra devoción.

Capítulo 9
Discerniendo el papel de la IA en la investigación y el estudio teológico

Introducción
Un nuevo socio en la investigación

La investigación teológica siempre ha empleado herramientas de su época: pergaminos, códices, imprentas y bases de datos digitales. La inteligencia artificial representa la más reciente y quizás la más disruptiva de estas herramientas. Con su capacidad para analizar conjuntos de datos masivos, resumir argumentos complejos e incluso generar ideas aparentemente originales, la IA se perfila como un socio potencial en la investigación teológica. Sin embargo, esta colaboración plantea preguntas apremiantes: ¿Puede la IA realmente ayudar a discernir la verdad divina? ¿Cómo deberían los académicos sortear las promesas y los peligros de la asistencia algorítmica? ¿Qué límites y salvaguardias son necesarios para garantizar que la IA sirva a la investigación teológica, en lugar de distorsionarla?

Este capítulo explora el papel de la IA en la investigación teológica, examinando tanto sus posibilidades como sus riesgos. Argumenta que, si bien la IA puede apoyar la investigación académica ampliando el acceso, acelerando el análisis y ofreciendo nuevos métodos de indagación, debe abordarse con discernimiento. La investigación teológica, basada en la verdad, la responsabilidad y la sabiduría espiritual, no puede externalizarse a las máquinas. En cambio, la IA debe concebirse como una herramienta que facilita la investigación humana, a la vez que permanece sujeta a la reflexión teológica y ética.

La IA como herramienta para la investigación

La IA ofrece posibilidades extraordinarias para la investigación teológica. El procesamiento del lenguaje natural permite a los académicos analizar las Escrituras en diferentes idiomas y tradiciones con una velocidad sin precedentes. El aprendizaje automático puede identificar patrones en vastos corpus de sermones, textos teológicos o prácticas litúrgicas. La IA generativa puede proponer esquemas, sugerir conexiones o proporcionar perspectivas comparativas que abren nuevas vías de exploración. Estas herramientas democratizan el acceso, permitiendo a los académicos sin grandes bibliotecas acceder a recursos que antes solo estaban disponibles para instituciones de élite.

La IA también puede facilitar el diálogo interdisciplinario. La reflexión teológica se entrelaza cada vez más con campos como la neurociencia, la sociología y las ciencias ambientales. Las herramientas de IA pueden ayudar a sintetizar datos de estas disciplinas, permitiendo a los teólogos integrar sus ideas en un diálogo con un conocimiento humano más amplio. Si se utiliza con prudencia, la IA puede ampliar el alcance de la investigación teológica y fomentar la colaboración entre disciplinas y contextos.

Más allá de la eficiencia, la IA tiene el potencial de descubrir patrones invisibles al ojo humano. Los algoritmos de minería de texto pueden resaltar motivos recurrentes a lo largo de siglos de escritos teológicos, revelando conexiones ocultas entre tradiciones y voces. Las visualizaciones generadas por la IA pueden mapear la difusión de conceptos teológicos a lo largo del tiempo y la geografía, enriqueciendo los estudios históricos y comparativos. Estos conocimientos no reemplazan la lectura atenta, sino que pueden enriquecerla, suscitando nuevas preguntas y una mayor participación.

La IA también puede desempeñar funciones prácticas que permiten a los académicos realizar reflexiones más profundas. Automatizar la investigación bibliográfica, traducir textos o resumir literatura secundaria puede reducir las barreras de acceso, especialmente para estudiantes e investigadores en entornos con recursos limitados. De esta manera, la IA puede actuar como una especie de asistente de investigación, eficiente y de amplio alcance, pero que siempre requiere supervisión y evaluación crítica.

En su máxima expresión, la IA se convierte en un aliado que amplifica la creatividad humana en lugar de reemplazarla. La investigación teológica, basada en la fe y la tradición, requiere imaginación, juicio y discernimiento, capacidades que siguen siendo exclusivamente humanas. Al gestionar ciertas tareas de escala y síntesis, la IA puede abrir un espacio para que los académicos dediquen más atención a la interpretación, la reflexión y la oración. De esta manera, la IA puede servir a la investigación académica sin dejar de estar claramente subordinada a los propósitos más profundos de la teología.

Riesgos de externalizar el pensamiento teológico

Sin embargo, estas posibilidades conllevan riesgos significativos. El mayor peligro no es que la IA piense por nosotros, sino que se lo permitamos. Cuando los académicos recurren demasiado a la IA para resumir textos, identificar argumentos o generar ideas, corren el riesgo de externalizar la labor intelectual y espiritual esencial para la teología. La indagación teológica no se trata simplemente de producir información, sino de comprender la verdad de Dios en comunidad, oración y reflexión. La IA no puede orar, creer ni dar testimonio. Puede simular el discurso teológico, pero no puede habitar la fe que hace posible la teología.

También existe el riesgo de distorsión. Los sistemas de IA se entrenan con datos existentes, lo que significa que reproducen sesgos, lagunas y errores presentes en sus fuentes. En la investigación teológica, esto podría llevar a la amplificación de ciertas tradiciones y a la marginación de otras, o a la perpetuación acrítica de interpretaciones erróneas. Sin un discernimiento cuidadoso, los académicos pueden confundir los resúmenes generados por IA con la verdad objetiva, cuando en realidad están condicionados por suposiciones y limitaciones ocultas.

Otro peligro reside en la sutil erosión de las virtudes intelectuales. La teología siempre ha requerido paciencia, humildad y perseverancia, virtudes cultivadas mediante el trabajo pausado de la lectura, la reflexión y el diálogo. Si los académicos recurren a la IA para obtener respuestas rápidas, corren el riesgo de perder los hábitos que conforman la sabiduría teológica. Los resúmenes instantáneos pueden reemplazar una exégesis minuciosa, las visiones generales algorítmicas pueden restar atención a los matices, y los argumentos generados por máquinas pueden debilitar el rigor del debate académico. El resultado puede ser una apariencia de sofisticación sin la sustancia de la comprensión.

La dimensión comunitaria de la teología también está en riesgo. Históricamente, la reflexión teológica se ha llevado a cabo en diálogo con comunidades de fe vivas mediante concilios, debates, correspondencia y culto compartido. Si la IA se convierte en el socio principal de la investigación, el peligro es que la erudición quede aislada, desvinculada de las prácticas eclesiales. El pensamiento teológico corre el riesgo de verse reducido al procesamiento de datos en lugar de ser un acto de discernimiento comunitario guiado por el Espíritu.

Finalmente, existe un riesgo espiritual. La dependencia de la IA puede fomentar sutilmente el orgullo o la idolatría, tentando a los académicos a confiar en el poder tecnológico en lugar de la sabiduría divina. Cuando la eficiencia y la productividad se convierten en valores fundamentales, las dimensiones contemplativas y orantes de la teología pueden quedar relegadas. Por lo tanto, la educación teológica debe resistir la tentación de la externalización, recordando a los académicos que la verdadera sabiduría no se fabrica, solo se recibe con humildad ante Dios.

El discernimiento teológico en las prácticas de investigación

La clave, entonces, es el discernimiento. La investigación teológica debe establecer prácticas que mantengan la IA en el lugar que le corresponde. Esto incluye la transparencia; los académicos deben revelar cuándo y cómo se utilizan las herramientas de IA. Incluye la rendición de cuentas; el contenido generado por IA debe evaluarse críticamente, contrastarse con fuentes primarias e interpretarse considerando la tradición y la comunidad. Y también incluye la humildad, reconociendo que, si bien la IA puede ayudar a procesar la información, la tarea más profunda de la sabiduría corresponde a las comunidades humanas guiadas por el Espíritu.

El discernimiento también requiere atención a la formación. La investigación teológica no se trata solo de generar conocimiento, sino de formar académicos en personas de verdad, justicia y amor. Si la dependencia de la IA socava la paciencia, la atención o la profunda interacción con los textos, su uso se vuelve espiritualmente deformador. Por el contrario, cuando la IA se utiliza para liberar tiempo para un estudio más profundo, la reflexión y la oración, puede contribuir a la formación de académicos de forma fiel.

Este discernimiento debe cultivarse tanto a nivel individual como comunitario. Individualmente, los académicos pueden practicar disciplinas de lectura pausada, estudio contemplativo y reflexión orante que contrarresten la velocidad y la eficiencia de la IA. Comunitariamente, el profesorado y las comunidades de investigación pueden establecer normas de responsabilidad, creando espacios donde se debatan abiertamente las implicaciones éticas y teológicas del uso de la IA. Estas prácticas garantizan que la IA no se aplique de forma aislada, sino en el contexto de la vida de la iglesia y la academia.

Las Escrituras ofrecen un modelo para esta postura de discernimiento. Pablo exhorta a los tesalonicenses a «examinarlo todo; aferrarse a lo bueno». Aplicado a la IA, esto no significa rechazar la tecnología por completo ni aceptarla acríticamente, sino someterla a un examen teológico. Lo que fomenta la verdad, la justicia y el amor puede aceptarse; lo que distorsiona o distrae debe resistirse. Este marco bíblico proporciona tanto libertad como responsabilidad a los académicos que trabajan con IA.

En última instancia, el discernimiento consiste en mantener a Cristo en el centro de la investigación. La IA puede procesar palabras, pero solo Cristo es la Palabra. La IA puede sugerir conexiones, pero solo el Espíritu da sabiduría. Al arraigar el discernimiento en la oración y la reflexión teológica, los académicos pueden garantizar que la IA sirva a la investigación sin desplazar la vocación más profunda de la teología: buscar la comprensión al servicio de la fe.

Implicaciones para la educación teológica

El auge de la IA exige que los seminarios e instituciones teológicas preparen a sus estudiantes para prácticas de investigación que integren el discernimiento y la integridad. Esto puede implicar enseñarles a usar las herramientas de IA de forma responsable, evaluar críticamente los resultados y reflexionar sobre sus implicaciones teológicas y éticas. También puede implicar cultivar hábitos de lectura pausada, estudio contemplativo e interpretación comunitaria que resistan la presión de externalizar el pensamiento a las máquinas.

Los planes de estudio deben adaptarse para incluir una interacción explícita con la IA. Los cursos de método teológico, estudios bíblicos o ética pueden incluir módulos que aborden las oportunidades y los peligros de la IA en la investigación. La formación práctica en alfabetización digital puede ayudar a los estudiantes a comprender cómo funcionan los algoritmos, cuáles son sus limitaciones y cómo cuestionar sus resultados. Al integrar la concienciación sobre la IA en todo el plan de estudios, las instituciones garantizan que los estudiantes no queden ingenuos ni desprevenidos.

Igualmente importante es el cultivo de las virtudes espirituales e intelectuales. Se necesitan paciencia, humildad, atención y valentía para resistir las tentaciones de la conveniencia y la superficialidad. Los programas de formación espiritual pueden ayudar a los estudiantes a conectar sus prácticas de investigación con su discipulado, considerando la integridad académica como parte de su llamado a la santidad. Los retiros, la mentoría y las prácticas compartidas de oración pueden brindar un espacio para el discernimiento en comunidad, asegurando que la formación del carácter acompañe el desarrollo de habilidades.

Las instituciones también deben ser un ejemplo de integridad en su propio uso de la IA. La transparencia sobre cómo se utiliza la IA en la enseñanza, la administración o la evaluación transmite a los estudiantes el compromiso de la institución con la honestidad y la rendición de cuentas. Al practicar lo que enseñan, las instituciones pueden ser testigos de la posibilidad de usar la tecnología fielmente.

Finalmente, la educación teológica debe fomentar la imaginación moral. Los estudiantes no solo necesitan criticar la IA, sino también imaginar cómo podría usarse creativamente al servicio de la iglesia y el bien común. Esto podría incluir proyectos que exploren cómo la IA podría contribuir a la teología contextual, apoyar a comunidades marginadas o ampliar el acceso a recursos en regiones desatendidas. Esta participación constructiva empodera a los estudiantes para ver la IA no solo como una amenaza, sino como un campo para la innovación con fe.

Conclusión
Sabiduría más allá del algoritmo

La IA, sin duda, moldeará el futuro de la investigación teológica. La cuestión no es si se utilizará, sino cómo. El reto para los teólogos es utilizar la IA como herramienta sin someterse a ella como si fuera su amo, y aprovechar sus capacidades sin externalizar la labor espiritual e intelectual de la teología. La sabiduría, no la eficiencia, debe ser el principio rector.

La sabiduría va más allá de la habilidad técnica o la acumulación de datos. Es la capacidad de discernir lo bueno, lo verdadero y lo bello considerando la revelación de Dios. La IA puede generar resúmenes, correlaciones y predicciones, pero no puede ofrecer sabiduría. No puede enseñarnos a amar a Dios y al prójimo, a vivir fielmente en comunidad ni a encarnar el evangelio en un mundo quebrantado. Solo los seres humanos, guiados por el Espíritu y moldeados por las Escrituras y la tradición, pueden participar en esta labor más profunda de discernimiento.

Por esta razón, la IA debe permanecer siempre subordinada a la vocación más amplia de la teología. Puede ayudar a recopilar información o sugerir conexiones, pero no puede reemplazar las prácticas de oración, diálogo y estudio minucioso mediante las cuales los teólogos buscan la comprensión. Confundir los resultados algorítmicos con la sabiduría es confundir los medios con los fines, la información con la verdad y el análisis con la revelación.

La conclusión, entonces, es un llamado a la humildad y la responsabilidad. Los teólogos deben abordar la IA con gratitud por sus capacidades y cautela ante sus limitaciones. Deben ser transparentes en su uso, críticos en su evaluación y conscientes de que su presencia no erosione las virtudes intelectuales y espirituales que la teología requiere. Sobre todo, deben mantener a Cristo (el Verbo encarnado) en el centro de su investigación.

En última instancia, la erudición teológica rinde cuentas no solo a sus colegas académicos, sino también a Dios y a la iglesia. Esta responsabilidad exige un compromiso con la verdad, la justicia y el amor que ninguna máquina puede replicar. Al discernir cuidadosamente el papel de la IA, los teólogos pueden aprovechar sus beneficios y, al mismo tiempo, evitar sus peligros, asegurando que la erudición se mantenga arraigada en la Palabra viva. Al hacerlo, dan testimonio de la verdad de que la sabiduría es más que datos, y que la teología, en esencia, es una búsqueda de Dios guiada por el Espíritu, un camino que ningún algoritmo puede completar.

Capítulo 10
Reimaginando el currículo teológico para la era de la IA

Introducción
El currículo en una encrucijada

La educación teológica se encuentra en una coyuntura crítica. Durante siglos, los currículos se han conformado según las necesidades de la iglesia, las expectativas de la cultura y los recursos académicos. Hoy en día, la inteligencia artificial presenta nuevos desafíos y oportunidades que exigen una transformación curricular. La educación teológica ya no puede centrarse únicamente en transmitir contenido o preservar la tradición; debe preparar líderes capaces de discernir, criticar e integrar la IA en su ministerio y su investigación. El currículo debe reimaginarse para formar discípulos y líderes para un mundo en el que la IA desempeñará un papel cada vez más decisivo.

Este capítulo explora cómo los currículos teológicos podrían reestructurarse para la era de la IA. Argumenta que la tarea no consiste simplemente en añadir uno o dos cursos sobre tecnología, sino en integrar la conciencia tecnológica, la reflexión crítica y la formación espiritual en toda la experiencia educativa. De este modo, la educación teológica puede preparar líderes que encarnen la sabiduría, la justicia y la esperanza en un mundo moldeado por la IA.

Integración curricular de estudios de IA

Un currículo renovado comienza con la integración intencional de estudios de IA en la educación teológica. Esto no implica convertir los seminarios en escuelas técnicas, sino que requiere dotar a los estudiantes de los conocimientos necesarios para comprender cómo funciona la IA, cómo moldea la sociedad y cómo se relaciona con la teología. Los cursos de ética, teología pastoral y estudios bíblicos pueden incluir módulos sobre IA, explorando sus implicaciones para la justicia, el ministerio y la interpretación.

Por ejemplo, un curso de ética podría examinar casos prácticos de sesgo algorítmico, indagando cómo los compromisos cristianos con la justicia y la opción preferencial por los pobres se relacionan con la desigualdad tecnológica. Un curso de teología pastoral podría explorar cómo la IA está transformando la comunicación, la consejería y el desarrollo comunitario, mientras que un curso de estudios bíblicos podría considerar cómo las herramientas de IA pueden tanto facilitar como distorsionar la interpretación. Al integrar estas conversaciones en el currículo, los estudiantes aprenden a ver la IA no como un tema aislado, sino como una realidad que afecta todos los aspectos de la reflexión y el ministerio teológicos.

La integración también requiere atención a la pedagogía. Los instructores no solo deben hablar de IA, sino también modelar una interacción reflexiva con ella. Esto podría incluir la demostración de investigación asistida por IA, criticando sus limitaciones o invitando a los estudiantes a comparar interpretaciones humanas y generadas por IA de un texto bíblico. Las tareas podrían pedir a los estudiantes que reflexionen sobre sus propias experiencias con las herramientas digitales, discerniendo cómo estas tecnologías influyen en sus prácticas de estudio, oración y ministerio. De esta manera, la IA se convierte no solo en un tema de estudio, sino en un contexto de formación.

La integración curricular también debería extenderse más allá de los cursos individuales a las estructuras institucionales. Los seminarios podrían desarrollar programas de certificación en teología y tecnología, organizar coloquios sobre IA y fe, o colaborar con iglesias para explorar las implicaciones pastorales de la IA en la vida congregacional. La integración institucional de los estudios de IA demuestra que la educación teológica asume seriamente su responsabilidad de capacitar a líderes para el ministerio en un mundo mediado por la tecnología.

Colaboración interdisciplinaria

La educación teológica también debe fomentar la colaboración interdisciplinaria. La IA no es solo una cuestión técnica; es una fuerza cultural, social y espiritual. Las colaboraciones con campos como la informática, la sociología, la psicología, la economía y el derecho pueden enriquecer la reflexión teológica y preparar a los estudiantes para el ministerio en contextos complejos. Los cursos conjuntos, las conferencias impartidas por profesores invitados y las colaboraciones con otras instituciones pueden ampliar las perspectivas de los estudiantes y fomentar la humildad ante la complejidad tecnológica.

Esta colaboración también posiciona a la educación teológica como un interlocutor vital en los debates públicos sobre la IA. Con demasiada frecuencia, el discurso tecnológico está dominado por voces que ignoran las preocupaciones teológicas y éticas. Al participar en un diálogo interdisciplinario, los seminarios pueden ofrecer contribuciones distintivas basadas en la sabiduría cristiana, garantizando que no se descuiden las dimensiones morales y espirituales de la IA. Por ejemplo, los teólogos pueden destacar cómo las cuestiones de dignidad, comunidad y esperanza escatológica se entrelazan con cuestiones de sesgo algorítmico, privacidad de datos y automatización.

La colaboración también ofrece oportunidades para el aprendizaje basado en la praxis. Los estudiantes pueden trabajar junto a informáticos para explorar cómo se integran los valores en el código, o con sociólogos para estudiar cómo la IA moldea las relaciones humanas y el trabajo. Estas experiencias permiten a los estudiantes de teología comprender que la teología no es una disciplina aislada, sino una disciplina que profundiza y aprende de la búsqueda humana más amplia de sentido y justicia.

Finalmente, la colaboración interdisciplinaria recuerda a los estudiantes que la sabiduría es comunitaria. Ningún campo, por sí solo, puede comprender plenamente las implicaciones de la IA. Al aprender a escuchar, cuestionar y dialogar entre disciplinas, los estudiantes de teología practican la humildad y la apertura necesarias para el ministerio en un mundo pluralista. De este modo, la colaboración interdisciplinaria se convierte no solo en una estrategia académica, sino en una práctica formativa, formando líderes capaces de interactuar con la IA con profundidad teológica y sensibilidad cultural.

Formación para el discernimiento

La formación para el discernimiento debe ser el núcleo del currículo. Los estudiantes necesitan más que información sobre la IA; necesitan los recursos espirituales y morales para afrontar sus desafíos con fidelidad. Esto requiere integrar prácticas de oración, culto y vida comunitaria en el currículo, recordando a los estudiantes que la educación teológica se trata, en última instancia, de conformarse a Cristo, no simplemente de dominar el contenido.

La formación para el discernimiento implica cultivar virtudes como la humildad, la paciencia, la justicia y la esperanza, virtudes a menudo socavadas por la cultura tecnológica. Los cursos pueden incorporar prácticas reflexivas, auditorías digitales de los hábitos tecnológicos de los estudiantes y oportunidades para el discernimiento comunitario sobre el uso de la IA en el ministerio. Estas prácticas ayudan a los estudiantes a comprender que el discernimiento no es una decisión puntual, sino un estilo de vida continuo, moldeado por la atención al Espíritu.

El discernimiento también requiere capacitar a los estudiantes para reconocer las dinámicas espirituales que intervienen en la tecnología. Esto implica capacitarlos para que se pregunten: ¿Qué deseos cultiva esta tecnología? ¿Qué suposiciones sobre la humanidad y Dios conlleva? ¿Quién se beneficia y quién sufre con su uso? Al integrar estas preguntas en los cursos y la formación, los educadores enseñan a los estudiantes a interactuar con la tecnología no solo desde una perspectiva ética, sino también teológica.

La mentoría y la comunidad también desempeñan un papel vital. El discernimiento se aprende a través de la sabiduría compartida, el diálogo y la responsabilidad. Profesores, pastores y compañeros pueden acompañar a los estudiantes, modelando cómo integrar la fe, la ética y la tecnología en decisiones concretas. Los retiros, los grupos pequeños y la dirección espiritual pueden brindar un espacio para una reflexión más profunda, permitiendo a los estudiantes procesar sus experiencias en comunidad.

En última instancia, la formación para el discernimiento busca formar líderes capaces de guiar a las comunidades con sabiduría y valentía. En una era de rápidos cambios tecnológicos, las iglesias y los ministerios necesitarán pastores y teólogos que ayuden a las personas a tomar decisiones acertadas sobre cómo usar la IA en el culto, la educación, la atención pastoral y la misión. Al formar a los estudiantes en el discernimiento, la educación teológica garantiza que los líderes no se dejen llevar por las corrientes tecnológicas, sino que estén cimentados en Cristo, capaces de probar los espíritus y aferrarse a lo bueno.

Habilidades prácticas para el ministerio en un mundo digital

Si bien la profundidad teológica y la formación espiritual son fundamentales, los estudiantes también necesitan habilidades prácticas para el ministerio en un mundo digital. Esto incluye competencias en comunicación digital, conocimiento de las herramientas basadas en IA para la administración y la atención pastoral, y la capacidad de guiar a las congregaciones a través de las cuestiones éticas y espirituales que plantea la tecnología. La formación en estas áreas garantiza que los graduados no solo sean reflexivos sobre la IA, sino que también estén capacitados para aplicarla de forma práctica en sus ministerios.

La capacitación práctica debe enmarcarse no como un dominio técnico, sino como una atención pastoral. Por ejemplo, aprender a usar herramientas de

IA para la traducción de idiomas puede contribuir a la misión de hospitalidad e inclusión. Comprender los algoritmos de las redes sociales puede ayudar a los pastores a guiar a las congregaciones en temas de adicción digital, polarización o desinformación. Desarrollar conocimientos básicos sobre ética de datos puede permitir a los líderes proteger a las comunidades vulnerables de la explotación y el uso indebido de la información. En cada caso, el objetivo no es la eficiencia en sí misma, sino el servicio al pueblo de Dios.

Los estudiantes también deberían familiarizarse con las aplicaciones de IA que ya están transformando el ministerio, como los chatbots para la comunicación en la iglesia, el análisis basado en datos de las necesidades congregacionales o las herramientas digitales para el culto híbrido. Al explorar tanto las posibilidades como las desventajas de estas herramientas, los estudiantes aprenden a adoptar la tecnología de forma crítica, integrándola en el ministerio sin permitir que eclipse la primacía de la presencia, la oración y el cuidado personal.

Los talleres y las prácticas pueden brindar oportunidades de participación activa. Los estudiantes pueden experimentar con la creación de contenido digital para el culto, practicar la atención pastoral a través de plataformas en línea o analizar las dimensiones éticas de la gestión de datos eclesiásticos. Estas experiencias les ayudan a traducir la reflexión teológica en sabiduría práctica, capacitándolos para servir a comunidades que ya están profundamente inmersas en los sistemas tecnológicos.

En última instancia, las habilidades prácticas siempre deben estar ligadas a un propósito teológico. El objetivo no es formar pastores expertos en programación o aprendizaje automático, sino pastores capaces de interactuar con la tecnología con fidelidad, discerniendo cuándo usarla, cuándo resistirse a ella y cómo mantener a Cristo en el centro del ministerio. Al fundamentar la formación práctica en la reflexión teológica, el plan de estudios garantiza que los graduados estén preparados para liderar con sabiduría y compasión en un mundo digital.

Perspectivas globales y contextuales

Reimaginar el currículo también requiere prestar atención a las perspectivas globales y contextuales. La IA no se experimenta de manera uniforme en todo el mundo; sus beneficios y perjuicios se distribuyen de forma desigual, lo que a menudo exacerba las desigualdades existentes. Por lo tanto, la educación teológica debe incluir voces del Sur Global, comunidades marginadas y diversos contextos culturales. Los cursos deben explorar cómo la IA impacta el trabajo, la migración, la ecología y la política en diferentes regiones, garantizando que los estudiantes desarrollen una conciencia global del papel de la tecnología en la configuración de la vida humana.

Este enfoque global amplía los horizontes de los estudiantes más allá de las narrativas tecnocráticas occidentales. Los invita a considerar cómo las comunidades religiosas de África, Asia y Latinoamérica abordan la IA con recursos limitados, pero con una profunda imaginación teológica. Los desafía a escuchar las tradiciones indígenas que critican las tecnologías extractivas y ofrecen visiones alternativas de la relación con la creación. Al integrar estas perspectivas, la educación teológica capacita a los líderes para abordar la IA no solo como un fenómeno técnico o cultural, sino como una cuestión de justicia vinculada a las desigualdades globales.

Las perspectivas contextuales también resaltan que la tecnología nunca es neutral. En algunos contextos, la IA puede proporcionar herramientas médicas que salvan vidas; en otros, puede consolidar la vigilancia y el control autoritario. Los estudiantes deben aprender a discernir estas diferencias, preguntándose cómo el evangelio los llama a responder en solidaridad con los más vulnerables. Los cursos pueden incluir estudios de caso sobre cómo la IA moldea comunidades específicas, invitando a los estudiantes a analizar tanto sus oportunidades como sus peligros desde la perspectiva de la ética y la misión cristianas.

Además, el compromiso global y contextual resiste la tentación de imaginar un único futuro para la IA. En cambio, cultiva la conciencia de múltiples futuros moldeados por la cultura, la economía y la política. Esta pluralidad invita a la humildad y la apertura, recordando a los estudiantes que la teología debe encarnarse localmente, incluso al participar en el diálogo global. De esta manera, la educación teológica puede preparar líderes con conciencia global, arraigados en el contexto y comprometidos proféticamente.

Conclusión
Hacia un currículo guiado por el Espíritu

Reimaginar el currículo teológico para la era de la IA no se trata simplemente de añadir contenido; se trata de redefinir la formación. El objetivo es preparar líderes capaces de discernir los espíritus, criticar las idolatrías y encarnar una presencia fiel en un mundo digital. Estos líderes necesitarán rigor intelectual, profundidad espiritual, habilidades prácticas y una conciencia global. Deberán ver la IA no como una herramienta neutral, sino como una fuerza cultural que debe ser abordada teológica y pastoralmente.

Un currículo guiado por el Espíritu es aquel que integra la tecnología en el horizonte más amplio de la misión de Dios. Insiste en que la formación a la semejanza de Cristo es el telos de toda educación teológica, ya sea que los estudiantes aprendan idiomas bíblicos, consejería pastoral o la ética de la IA. La obra del Espíritu es guiar a la iglesia hacia la verdad, lo que incluye discernir la verdad en medio de la complejidad tecnológica. Al fundamentar los currículos en la oración, la adoración y el discernimiento comunitario, las instituciones recuerdan a los estudiantes que su confianza última no reside en la innovación, sino en la fidelidad de Dios.

Un currículo como este también fomenta la valentía. Se invita a los estudiantes a denunciar las idolatrías de la tecnología, a resistir las narrativas de inevitabilidad y a imaginar futuros alternativos arraigados en el evangelio. Esta dimensión profética de la educación capacita a los graduados para liderar la iglesia no con miedo reaccionario ni aceptación acrítica, sino con compromiso creativo y fiel. La educación guiada por el Espíritu empodera a los líderes para ayudar a las comunidades a discernir cuándo adoptar nuevas herramientas, cuándo resistirlas y cómo asegurar que el amor a Dios y al prójimo siga siendo la prioridad.

Finalmente, un currículo guiado por el Espíritu cultiva la esperanza. En un mundo a menudo cautivado por utopías tecnológicas o atormentado por temores distópicos, la educación teológica da testimonio de la promesa de una nueva creación. Formas líderes capaces de hablar de la esperanza de la resurrección, recordando a la iglesia que la historia no está determinada por algoritmos, sino por los propósitos redentores de Dios. Esta esperanza libera a estudiantes y comunidades para interactuar con la IA, no con ingenuidad ni desesperación, sino con discernimiento, valentía y alegría.

Al reimaginar la educación teológica de esta manera, los seminarios pueden preparar líderes para 2050 y más allá, líderes que sean sabios, valientes y fieles frente a un cambio sin precedentes, líderes que encarnen la integridad y la visión, y líderes que, guiados por el Espíritu, proclamen a Cristo como Señor sobre todos los ámbitos, incluido el digital.

Capítulo 11
El futuro de la educación teológica
Testigo en un mundo de IA

Introducción
De pie en el umbral

La educación teológica siempre ha tenido como objetivo capacitar a la iglesia para dar un testimonio fiel en su tiempo. Desde las primeras escuelas catequéticas de la iglesia antigua hasta las grandes universidades de la época medieval y los seminarios de la era moderna, cada generación ha adaptado sus prácticas educativas para afrontar nuevos desafíos. Hoy en día, la inteligencia artificial representa un umbral sin precedentes. Su alcance, velocidad y penetración en la vida cotidiana plantean preguntas urgentes sobre la humanidad, la verdad, la justicia y el discipulado. En este contexto, la educación teológica debe reinventarse, no para seguir siendo relevante para la cultura, sino para permanecer fiel a Cristo.

El Seminario como Comunidad de Discernimiento

En un mundo saturado de datos y algoritmos, la educación teológica debe posicionarse como una comunidad de discernimiento. Los seminarios no son simplemente fábricas de conocimiento ni centros de formación profesional; son espacios donde estudiantes, profesores e iglesias aprenden a poner a prueba los espíritus, a discernir la verdad y el bien, y a resistir las idolatrías. El seminario se convierte en un santuario de sabiduría, cultivando la capacidad de pensar críticamente, orar con profundidad y actuar con justicia en relación con la tecnología.

El discernimiento, en este sentido, va más allá del análisis intelectual. Es una práctica espiritual arraigada en la oración, las Escrituras y la vida del Espíritu. Requiere preguntarse no solo qué puede hacer la tecnología, sino también qué debe hacer, y cómo su uso moldea a las comunidades, acercándolas o alejándolas del reino de Dios. Al plantear las cuestiones tecnológicas en términos teológicos, los seminarios pueden ayudar a los futuros líderes a ir más allá de los cálculos utilitarios y buscar la sabiduría de Dios para una vida de fe.

El seminario, como comunidad de discernimiento, también implica que profesores y estudiantes aborden estas preguntas juntos. En lugar de tratar la IA como un asunto abstracto, las comunidades pueden examinar sus propios hábitos tecnológicos, reflexionar sobre los poderes que operan en la cultura digital y practicar el discernimiento como una disciplina compartida. Esta indagación colaborativa sirve de modelo para los estudiantes, y cómo las iglesias también podrían abordar la tecnología de forma comunitaria, en lugar de individual.

Este discernimiento implica identificar los poderes que moldean la sociedad, ya sean económicos, políticos o tecnológicos, y someterlos al escrutinio del evangelio. También implica crear espacios para que diversas voces (globales, contextuales y marginadas) se incorporen a la conversación, recordando a la iglesia que la sabiduría no reside en la homogeneidad, sino en la obra del Espíritu en todo el cuerpo de Cristo. De esta manera, el seminario se convierte no solo en un centro de educación, sino en un laboratorio de discernimiento fiel, capacitando a líderes para guiar a las comunidades en la evaluación de los espíritus de su propia época.

Formación para el testimonio público

Los graduados de la educación teológica en la era de la IA deben estar preparados no solo para el ministerio dentro de la iglesia, sino también para el testimonio en la esfera pública. Mientras la sociedad debate cuestiones de automatización, vigilancia y dignidad humana, los líderes cristianos deben ser capaces de articular una visión de la humanidad arraigada en la *imago Dei* y la esperanza de una nueva creación. Esto requiere una formación teológicamente profunda y comprometida con la sociedad.

Esta formación enfatizará las habilidades comunicativas para hablar ante diferentes públicos, el razonamiento ético para abordar dilemas complejos y la valentía profética para denunciar las injusticias perpetuadas por los sistemas tecnológicos. También requerirá humildad, reconociendo los límites del control humano y la necesidad de la sabiduría divina para navegar el futuro.

La formación de testigos públicos debe incluir formación en alfabetización cultural. Los líderes necesitan comprender las narrativas que moldean la imaginación pública sobre la IA, las historias de salvación mediante la innovación o la fatalidad causada por la automatización, y ser capaces de ofrecer una contranarrativa claramente cristiana. Deben aprender a hablar de forma inteligible fuera de los muros de la iglesia, traduciendo las convicciones teológicas a un lenguaje que pueda contribuir significativamente a los debates políticos, las conversaciones en los medios y las discusiones comunitarias.

Las oportunidades prácticas de participación pueden fortalecer esta formación. Las pasantías, los foros públicos y las colaboraciones con organizaciones cívicas permiten a los estudiantes practicar la articulación de perspectivas teológicas en diversos contextos. El profesorado puede orientar a los estudiantes en la redacción de artículos de opinión, la participación en el diálogo interreligioso o la defensa de la justicia en las políticas públicas relacionadas con la tecnología. Estas experiencias capacitan a los estudiantes para llevar su formación más allá del aula y al centro de los debates sociales.

Ante todo, la formación para el testimonio público implica cultivar la integridad y la valentía. Los líderes deben estar preparados para hablar con sinceridad incluso cuando son impopulares, para defender a los vulnerables incluso cuando resulta costoso, y para encarnar la esperanza incluso en tiempos de incertidumbre. Al formar a los estudiantes como teólogos públicos capaces de interactuar con la cultura de la IA con claridad y compasión, los seminarios ayudan a la iglesia a cumplir su vocación de ser testigo de Cristo en todos los ámbitos de la vida.

La educación teológica como imaginación profética

Más allá de la preparación técnica o práctica, la educación teológica debe cultivar la imaginación, la capacidad de visualizar futuros alternativos. Con demasiada frecuencia, las narrativas sobre la IA se enmarcan en términos de inevitabilidad: ya sean sueños utópicos de salvación mediante la tecnología o temores distópicos a la obsolescencia humana. La tarea de la educación teológica es proclamar una historia diferente: que la historia pertenece a Dios y que nuestro futuro está asegurado no por algoritmos, sino por la resurrección de Cristo.

Al involucrar a los estudiantes en la Escritura, el culto y la reflexión crítica, los seminarios pueden fomentar una imaginación profética que resista el determinismo de la cultura tecnológica. Esta imaginación empodera a los líderes para crear comunidades que encarnan la justicia, la hospitalidad y el amor de manera tangible, incluso cuando tales prácticas desafían la lógica de la eficiencia o el lucro.

La imaginación profética también invita a los estudiantes a cuestionar lo que la cultura tecnológica presenta como inevitable. En lugar de aceptar la automatización como un destino, pueden preguntarse cómo se podría reimaginar el trabajo para honrar la dignidad humana. En lugar de asumir que la vigilancia es necesaria para la seguridad, pueden visualizar comunidades moldeadas por la confianza y la responsabilidad mutua. Este cuestionamiento creativo es en sí mismo un acto de resistencia, que abre espacio para prácticas de esperanza durante la ansiedad tecnológica.

Esta imaginación se forma a través de la interacción con los profetas bíblicos, quienes desafiaron constantemente a los poderes imperantes y ofrecieron visiones del futuro alternativo de Dios. Los cursos que integran literatura profética, ética teológica y análisis social pueden ayudar a los estudiantes a ver las conexiones entre el testimonio antiguo y los desafíos contemporáneos. Las prácticas de adoración (lamento, intercesión y celebración) también cultivan la capacidad imaginativa de esperar lo que aún no se ve.

En definitiva, la imaginación profética capacita a los líderes no solo para criticar las idolatrías tecnológicas, sino también para inspirar a las comunidades a vivir de forma diferente. Les permite contar historias que replantean la tecnología a la luz del reino de Dios, cultivar prácticas que resistan la deshumanización y dar testimonio de un futuro definido no por las máquinas, sino por el reino de Cristo.

Solidaridad global y aprendizaje compartido

El futuro de la educación teológica también debe ser global. La IA está moldeando las sociedades de forma diferente en todo el mundo, a menudo exacerbando las desigualdades. Por lo tanto, los seminarios deben forjar alianzas transfronterizas, escuchando la sabiduría de las iglesias del Sur Global, las comunidades indígenas y los grupos marginados que experimentan los daños y las oportunidades de la tecnología de maneras únicas. El aprendizaje compartido entre culturas puede profundizar el discernimiento y fomentar la solidaridad, recordando a la iglesia que es un solo cuerpo con muchos miembros.

Esta solidaridad no se trata de una inclusión simbólica, sino de una genuina mutualidad. Las instituciones occidentales deben reconocer que tienen mucho que aprender de las comunidades cuyas experiencias con la escasez, la opresión o los marcos culturales alternativos ofrecen perspectivas únicas para resistir las idolatrías tecnológicas. Las perspectivas indígenas, por ejemplo, suelen destacar la relación con la creación, criticando los modelos tecnológicos extractivos. Las iglesias africanas y asiáticas pueden aportar experiencias de resiliencia y fortaleza comunitaria que contrarresten el individualismo a menudo arraigado en la cultura digital.

El aprendizaje compartido también implica desarrollar redes colaborativas de investigación y formación. Las plataformas en línea pueden habilitar aulas globales donde estudiantes de diferentes contextos aprenden juntos, comparando el impacto de la IA en sus comunidades y discerniendo respuestas teológicas mediante el diálogo. Las alianzas entre seminarios del Norte y del Sur Global pueden generar nuevos recursos, currículos y prácticas con un alcance verdaderamente global.

La solidaridad global desafía a la educación teológica a descentrar las suposiciones occidentales sobre el progreso tecnológico. Insiste en que el futuro de la iglesia no puede concebirse al margen de las voces de los más vulnerables a la disrupción tecnológica. Al escuchar, compartir y colaborar entre culturas, los seminarios encarnan la catolicidad de la iglesia y dan testimonio de la obra del Espíritu en todo lugar.

Conclusión
Testigo del Dios del futuro

El futuro de la educación teológica en la era de la IA no se centra principalmente en dominar nuevas herramientas, sino en dar un testimonio fiel. Este testimonio proclama que la dignidad humana se fundamenta en la imagen de Dios, que la verdad se revela en Cristo, que el reino de Dios exige justicia y que la esperanza reside en la obra renovadora del Espíritu.

Estos testimonios son profundamente contraculturales. En un mundo que a menudo mide el valor por la productividad, la eficiencia o los datos, la iglesia proclama un estándar diferente: que cada persona es amada por Dios, digna de respeto y llamada a la comunidad. En una sociedad tentada a depositar la

135

confianza absoluta en algoritmos o máquinas, la educación teológica insiste en que la confianza pertenece solo a Dios. En culturas ansiosas por el futuro, da testimonio de una esperanza arraigada no en el ingenio humano, sino en la promesa divina.

Para los seminarios, esto significa que cada aspecto de la educación (currículo, formación, vida comunitaria) debe orientarse a formar líderes que puedan encarnar este testimonio. Deben estar capacitados para resistir las idolatrías tecnológicas, hablar proféticamente sobre la justicia y guiar a las comunidades en prácticas de amor y fidelidad. Deben formarse no solo como pensadores, sino como discípulos cuyas vidas den testimonio de la realidad del evangelio con palabras y hechos.

Dar testimonio del Dios del futuro es también dar testimonio de su presencia ahora. Proclama que, incluso durante la convulsión tecnológica, Dios obra, sustentando la creación y guiando a la iglesia. Nos recuerda que el Espíritu capacita a los creyentes de todas las épocas, capacitándolos para vivir con fidelidad en contextos que sus antepasados apenas podían imaginar. Al aferrarse a esta certeza, la educación teológica puede afrontar los desafíos de la IA sin temor, con la confianza de que Cristo es el Señor de la historia y del futuro.

En definitiva, dar testimonio del Dios del futuro es invitar a la iglesia a una postura de esperanza y valentía. Significa afirmar que ninguna máquina puede definir nuestro destino, ningún algoritmo puede determinar nuestro valor y ninguna innovación puede desplazar el reino de Cristo. La educación teológica prepara líderes que viven esta convicción, guiando al pueblo de Dios a encarnar el amor, la verdad y la justicia como signos del reino. Al hacerlo, cumple su llamado: servir a la iglesia formando testigos que puedan proclamar y encarnar el evangelio en todas las épocas, incluso, y especialmente, en la era de la IA.

Epílogo
Enseñar teológicamente en la era de la IA

Introducción
Mirando hacia atrás, mirando hacia adelante

Este libro ha explorado los profundos desafíos y oportunidades que la inteligencia artificial aporta a la educación teológica. Hemos analizado cómo la IA perturba la antropología teológica, desbarata los supuestos sobre la revelación y la interpretación, expone cuestiones de pecado y responsabilidad, e invita a nuevas reflexiones sobre la presencia, la justicia, la formación y el currículo. Cada capítulo se ha preguntado de diferentes maneras: ¿Qué significa enseñar y aprender fielmente en un mundo donde las máquinas moldean cada vez más el pensamiento, el comportamiento y la comunidad?

Al integrar estas reflexiones, la tarea de la educación teológica se hace evidente. No se trata simplemente de reaccionar a la tecnología, sino de responder teológicamente, fundamentando nuestro trabajo en las Escrituras, la tradición y la vida del Espíritu. Se trata de cultivar líderes capaces de afrontar la complejidad con sabiduría, resistir la idolatría con valentía y dar testimonio con esperanza. En definitiva, la historia de la IA y la iglesia no se trata de máquinas, sino de la misión continua de Dios y del llamado de su pueblo a participar en ella.

Temas clave revisitados

A lo largo de este libro, han surgido varios temas que configuran la visión de la educación teológica para la era de la IA. El primero es la afirmación de la dignidad humana y la *imago Dei*. Frente a las narrativas que reducen la humanidad a datos o computación, la educación teológica debe reafirmar que los seres humanos son creados a imagen de Dios, llamados a la comunión, el amor y la adoración. Un segundo tema es la distinción entre verdad y revelación. La IA puede generar grandes cantidades de información, pero la revelación es la autorrevelación de Dios. Por lo tanto, la formación teológica debe enseñar discernimiento, capacitando a los estudiantes para distinguir entre información y sabiduría, entre simulación y encuentro genuino con lo divino.

Otro tema es la justicia y la responsabilidad. Dado que los sistemas de IA inevitablemente reflejan y amplifican el pecado humano, la educación teológica debe preparar a los líderes para confrontar los prejuicios, resistir la explotación y defender a los marginados. Estrechamente relacionado con esto está el énfasis en la presencia y la formación. En una era digital incorpórea, la educación teológica debe recuperar prácticas de enseñanza encarnada, culto comunitario e imaginación sacramental que formen discípulos en el amor y la fidelidad. Finalmente, está el tema de la esperanza y la escatología. Contra los sueños tecnoutópicos y los temores distópicos, la iglesia proclama una esperanza basada en la resurrección de Cristo y la obra renovadora del Espíritu. El futuro no está asegurado por las máquinas, sino por la promesa de Dios.

El llamado de los educadores teológicos

Para quienes son llamados a enseñar en seminarios y escuelas teológicas, la era de la IA es a la vez desalentadora y estimulante. Los propios educadores deben convertirse en profesionales del discernimiento, poniendo a prueba el espíritu de la tecnología mientras guían a los estudiantes hacia una sabiduría más profunda. Esto requiere valentía para abordar nuevas preguntas, humildad para aprender de otras disciplinas y culturas, y fe para confiar en que el Espíritu continúa guiando a la iglesia hacia la verdad.

La vocación de los educadores teológicos va mucho más allá de la transmisión de conocimientos. Están llamados a formar comunidades donde los estudiantes se encuentren con Dios, se adentren en las Escrituras y cultiven las virtudes necesarias para un ministerio fiel. Su función incluye la mentoría, el ejemplo de integridad y la formación del carácter de maneras que no pueden delegarse en las máquinas. En la era de la IA, esta vocación permanece inalterada en esencia, pero se ha vuelto más compleja en la práctica, lo que requiere atención a cómo la tecnología moldea la identidad, la imaginación y el discipulado.

Los educadores también deben asumir la tarea de la teología pública. Al capacitar a los estudiantes para hablar con claridad y valentía en debates públicos sobre tecnología y sociedad, ayudan a la iglesia a reclamar el lugar que le corresponde en conversaciones a menudo dominadas por voces tecnocráticas o comerciales. De este modo, los docentes sirven no solo a sus estudiantes, sino también al mundo en general, ofreciendo sabiduría teológica para cuestiones que afectan todas las dimensiones de la vida.

Finalmente, los educadores teológicos son testigos. Su enseñanza, su erudición y su vida comunitaria dan testimonio de su convicción de que Cristo es el Señor en todas las épocas, incluida la digital. Al asumir este llamado con claridad y esperanza, los educadores pueden preparar líderes que pastorearán a la iglesia en terrenos inexplorados, encarnando la sabiduría, la valentía y la fidelidad ante el cambio tecnológico.

Una visión para 2050 y más allá

De cara al futuro, la iglesia del 2050 habitará un mundo donde la IA será omnipresente. Los sistemas automatizados mediarán en la comunicación, el trabajo, la salud, la gobernanza e incluso la vida religiosa. La tarea de la educación teológica será formar líderes que puedan proclamar que Cristo es el Señor en este nuevo panorama, líderes que puedan guiar a las comunidades a resistir las idolatrías, abrazar la justicia y encarnar la esperanza.

Esta visión requiere realismo y esperanza. El realismo reconoce que la IA seguirá transformando la sociedad de maneras profundas y a menudo inquietantes, transformando las economías, alterando las relaciones humanas y desafiando los límites éticos. La esperanza proclama que ninguna de estas transformaciones es definitiva. El futuro está en manos de Dios, y la iglesia está llamada a dar testimonio de esa realidad con valentía y alegría.

Por lo tanto, la educación teológica en 2050 y más allá debe estar profundamente arraigada en la tradición, a la vez que se adapta con audacia en la práctica. Debe seguir atrayendo a los estudiantes hacia la riqueza de las Escrituras, la doctrina y la historia, a la vez que los capacita para afrontar preguntas que sus antepasados no podrían haber imaginado. Debe fomentar una imaginación global, reconociendo que los desafíos de la IA no se limitan a una cultura o región, sino que exigen una visión católica que escuche a todo el cuerpo de Cristo. Y debe formar líderes capaces de tender puentes entre la iglesia y el mundo en general, hablando proféticamente en los debates sobre tecnología, justicia y dignidad humana.

De esta manera, la educación teológica se mantendrá fiel a su vocación: preparar testigos del evangelio que puedan guiar al pueblo de Dios en todas las épocas. Al formar líderes profundamente arraigados en Cristo y resilientes ante el cambio, los seminarios garantizarán que la iglesia del 2050 y más allá continúe dando fiel testimonio del reino de Dios en un mundo de IA.

Conclusión
Enseñanza y testimonio en la era de la IA

El recorrido por estos capítulos ha trazado tanto los peligros como las posibilidades de la inteligencia artificial para el futuro de la educación teológica. Hemos visto cómo la IA trastoca las doctrinas fundamentales de la identidad humana, la revelación, el pecado, la redención, la presencia y la esperanza. Hemos lidiado con su impacto en la pedagogía, la justicia, la comunidad y la formación. Y hemos visualizado nuevas prácticas curriculares e institucionales para capacitar a los líderes de una iglesia que ministrará en una era digital y algorítmica. En cada paso, la pregunta subyacente ha permanecido: ¿cómo puede la educación teológica mantenerse fiel a Cristo mientras se enfrenta a un futuro cada vez más moldeado por la IA?

La conclusión es simple y exigente. La educación teológica debe resistir la tentación de definirse únicamente por la novedad tecnológica o la relevancia cultural. Su vocación permanente es formar líderes que den testimonio del evangelio con palabras, obras y presencia. ¿Qué cambios se producen en las herramientas, los contextos y las preguntas que configuran esa formación? Lo que no cambia es el llamado a proclamar a Cristo crucificado y resucitado, aquel en quien toda la creación se mantiene unida.

Hablar de la educación teológica como una forma de tecnología espiritual es confesar que la enseñanza, el aprendizaje, la adoración y la formación son medios por los cuales el Espíritu moldea al pueblo de Dios para la comunión y la misión. La IA puede alterar nuestros hábitos de estudio, nuestros medios de comunicación y nuestras formas de ministerio, pero no puede replicar la oración, los sacramentos ni el amor. No puede cargar la cruz ni resucitar de la tumba. Solo el Dios vivo hace esto, y solo los seres humanos, creados a su imagen, pueden dar testimonio de ello.

De cara al 2050 y más allá, la iglesia habitará un mundo donde la IA será omnipresente. Los líderes deberán abordar complejos dilemas éticos, participar en el testimonio público y pastorear comunidades cuyas vidas están profundamente entrelazadas con las tecnologías digitales. Pero si la educación teológica se mantiene arraigada en las Escrituras, la tradición, el discernimiento y la guía del Espíritu, puede formar líderes no solo con conocimientos tecnológicos, sino también con sabiduría espiritual. Estos líderes serán capaces de resistir las idolatrías, abogar por la justicia, encarnar la presencia y proclamar la esperanza.

La última palabra no la tiene la tecnología, sino Dios. Es el Espíritu quien continúa guiando a la iglesia hacia la verdad, el Hijo quien reina como Señor de la historia, y el Padre cuyo amor sustenta la creación. En cada época, la educación teológica está llamada a formar testigos que declaren con su vida que Cristo es el Señor. Este es su desafío, su promesa e incluso su alegría, especialmente en un mundo de inteligencia artificial.

Apéndice A
Directrices prácticas para educadores teológicos en la era de la IA

Introducción

Los capítulos anteriores han ofrecido un marco teológico y moral para incorporar la inteligencia artificial en la vida de la iglesia y el seminario. Este apéndice proporciona directrices prácticas para educadores teológicos que buscan abordar los desafíos y las oportunidades de la IA en sus aulas e instituciones. No se trata de prescripciones exhaustivas, sino de prácticas orientadoras, maneras de incorporar el discernimiento, la integridad y la esperanza en la enseñanza diaria.

1. Establecer políticas claras sobre el uso de la IA

Los educadores deben colaborar con sus instituciones para establecer políticas transparentes y reflexivas sobre el uso de la IA en los cursos y la investigación. Estas políticas deben aclarar los usos aceptables (como la asistencia a la investigación o la traducción) y los prohibidos (como presentar trabajos generados con IA como propios). Las políticas deben ir acompañadas de una justificación teológica, recordando a los estudiantes que la integridad se basa en la veracidad ante Dios y la comunidad.

2. Integrar la alfabetización en IA en todo el currículo

En lugar de aislar la IA en una sola asignatura optativa, los educadores teológicos deberían integrar el análisis de la IA en múltiples disciplinas. Los cursos de ética pueden explorar la justicia y los prejuicios, los estudios bíblicos pueden utilizar herramientas de IA para el lenguaje y la interpretación, y la teología pastoral puede examinar la IA en la consejería y la comunicación. Esta integración garantiza que los estudiantes vean la IA como una realidad que afecta todos los aspectos del ministerio.

3. Modelar el compromiso crítico

Los profesores no solo deben hablar sobre la IA, sino también demostrar cómo usarla críticamente. Esto puede implicar mostrar cómo la IA puede contribuir a la investigación, identificando al mismo tiempo sus limitaciones y sesgos. Al fomentar la transparencia y el discernimiento, los educadores forman a sus estudiantes como profesionales competentes capaces de desenvolverse en la IA sin miedo ni ingenuidad.

4. Cultivar prácticas espirituales de presencia

Para contrarrestar las tendencias incorpóreas de la cultura digital, los educadores deben integrar intencionalmente prácticas de presencia en la enseñanza. Esto puede incluir momentos de silencio, oración, aprendizaje corporal y culto comunitario. Estas prácticas recuerdan a los estudiantes que la formación no es solo cognitiva, sino holística, y que moldea corazones, cuerpos y espíritus.

5. Evaluaciones de diseño que fomenten la integridad

Las tareas deben estructurarse de manera que fomenten la reflexión original, la aplicación contextual y el compromiso personal. Los trabajos de reflexión, los estudios de caso y los proyectos ministeriales hacen que el uso deshonesto de la IA sea menos tentador y significativo. Los educadores también deben proporcionar retroalimentación formativa que enfatice el desarrollo de la integridad, en lugar de simplemente detectar la deshonestidad.

6. Fomentar el discernimiento comunitario

Los seminarios deben fomentar espacios donde estudiantes, profesores y administradores disciernan juntos cómo la IA está moldeando sus vidas y ministerios. Foros, talleres y proyectos colaborativos pueden ayudar a las comunidades a procesar las implicaciones éticas y espirituales de la tecnología, cultivando una cultura de responsabilidad compartida.

7. Involucrar a las voces globales y marginadas

La IA no se experimenta de manera uniforme en todo el mundo. Los educadores teológicos deberían incorporar deliberadamente las perspectivas del Sur Global, las comunidades indígenas y los grupos marginados que a menudo sufren las consecuencias de la disrupción tecnológica. Incluir estas voces fomenta la solidaridad global y recuerda a los estudiantes que la sabiduría surge de todo el cuerpo de Cristo.

8. Utilice la tecnología de forma transparente

Cuando las instituciones emplean herramientas de IA en la administración, la evaluación o la comunicación, deben informar claramente a los estudiantes sobre cómo y por qué se utilizan estas tecnologías. La transparencia genera confianza y modela la integridad. Las prácticas de vigilancia secretas o excesivamente punitivas erosionan la comunidad y contradicen los valores de la educación teológica.

Conclusión

Estas directrices prácticas buscan ayudar a los educadores teológicos a interactuar con la IA de forma fiel, reflexiva y esperanzadora. Al establecer políticas claras, integrar la alfabetización en IA, modelar el discernimiento, cultivar la presencia, diseñar evaluaciones formativas, fomentar la reflexión comunitaria, amplificar las voces globales y practicar la transparencia, los seminarios pueden transitar la era de la IA con sabiduría. En definitiva, estas prácticas contribuyen al propósito más profundo de la educación teológica: formar líderes que amen a Dios, sirvan a la iglesia y den testimonio del evangelio en un mundo cada vez más moldeado por la inteligencia artificial.

Apéndice B
Prácticas litúrgicas y pedagógicas para la interacción con la IA

Introducción

La educación teológica en la era de la IA no se trata solo de ideas, sino también de prácticas. Los educadores y líderes eclesiales necesitan formas concretas de integrar la reflexión sobre la tecnología en los ritmos del culto, la formación y la enseñanza. Este apéndice ofrece ejemplos de prácticas litúrgicas y pedagógicas que pueden ayudar a las comunidades a interactuar con la IA de forma crítica y fiel.

Prácticas litúrgicas
Oraciones de discernimiento

Incorpore oraciones durante el culto que pidan explícitamente sabiduría en el uso de la tecnología. Estas oraciones podrían mencionar la inteligencia artificial, los medios digitales u otras innovaciones, pidiendo al Espíritu guía y discernimiento.

Confesión de idolatría

Desarrollar confesiones litúrgicas que reconozcan cómo las comunidades han confiado más en la tecnología que en Dios, buscando perdón y renovación. Estas prácticas ayudan a desenmascarar las idolatrías tecnológicas.

Bendiciones para las herramientas

Adapte las tradiciones de bendecir las cosechas, los hogares o los lugares de trabajo extendiendo las bendiciones a las herramientas tecnológicas (computadoras portátiles, teléfonos o incluso sistemas de inteligencia artificial) pidiendo que se utilicen para los propósitos de Dios y no para hacer daño.

Liturgias del Sabbath

Fomentar el ayuno digital durante los cultos o retiros, vinculando el descanso sabático con la desconexión intencional de los dispositivos. Esta práctica refuerza la idea de que el valor humano no se mide por la productividad ni la conectividad.

Prácticas pedagógicas
Auditorías digitales

Invite a los estudiantes a examinar su uso diario de la IA y las tecnologías digitales, reflexionando sobre cómo estas herramientas moldean sus deseos, su tiempo y su comunidad. Este ejercicio ayuda a conectar la teología con la experiencia vivida.

Discusiones de estudios de caso

Utilice ejemplos reales de aplicaciones de IA (reconocimiento facial, sesgo algorítmico, chatbots pastorales) como casos prácticos en cursos de ética, teología o pastoral. Anime a los estudiantes a discernir respuestas teológicas.

Ejercicios comparativos

Pida a los estudiantes que comparen las interpretaciones de un texto bíblico generadas por IA con su propio estudio y comentarios tradicionales. Estos ejercicios resaltan la diferencia entre información y revelación, simulación y fe.

Aprendizaje encarnado

Incorpore prácticas como la oración en grupo, el silencio o el servicio comunitario junto con las conversaciones sobre IA. Estos actos corporales resisten la abstracción de la cultura digital y arraigan el aprendizaje en la presencia y la relación.

Prácticas comunitarias

Foros de discernimiento

Organice foros comunitarios donde estudiantes, profesores e iglesias locales discutan cómo la IA está afectando sus ministerios y vidas. Estas reuniones brindan un espacio para el discernimiento comunitario y la sabiduría compartida.

Paneles interdisciplinarios

Invitar voces de la informática, el derecho, la sociología y la teología a dialogar sobre la IA, modelando la humildad de la investigación compartida y ampliando perspectivas.

Asociaciones globales

Conéctese con seminarios o iglesias del Sur Global para compartir experiencias sobre IA y tecnología. Estas colaboraciones recuerdan a las comunidades que el cambio tecnológico se experimenta de forma desigual en todo el mundo.

Conclusión

Estas prácticas litúrgicas y pedagógicas ofrecen maneras tangibles de abordar la IA no solo como tema de estudio, sino también como parte de la vida de fe. Al integrar la oración, la confesión, el discernimiento, la práctica corporal y la solidaridad global en la enseñanza y el culto, los educadores teológicos y los líderes eclesiales pueden ayudar a las comunidades a responder a la IA con sabiduría, integridad y esperanza.

Apéndice C
Preguntas de debate para involucrar a la IA

Introducción
Para ayudar a los educadores teológicos y líderes eclesiásticos a aplicar los temas de este libro en la práctica, este apéndice ofrece ejemplos de preguntas y tareas para el debate. Estas preguntas están diseñadas para aulas de seminario, grupos pequeños o entornos congregacionales. Animan a los participantes a reflexionar teológicamente sobre la inteligencia artificial y a conectar cuestiones abstractas con la experiencia vivida.

Preguntas para discusión
Antropología teológica
¿Cómo desafía o reafirma el auge de la IA lo que significa ser humano, creado a imagen de Dios? ¿En qué aspectos la IA se queda corta en su verdadera personalidad?

Revelación y Verdad
¿Pueden considerarse contribuciones teológicas auténticas los sermones, oraciones o comentarios generados por IA? ¿Por qué sí o por qué no?

Justicia y responsabilidad
¿De qué maneras reflejan los sistemas de IA el pecado social o la injusticia estructural? ¿Cómo podría la iglesia responder proféticamente a estas realidades?

Presencia y Formación

¿Cómo ha moldeado la cultura digital sus propias prácticas de presencia, atención y comunidad? ¿Qué contraprácticas podrían ayudar a recuperar la presencia?

Escatología y esperanza

Los medios de comunicación populares suelen representar la IA en términos utópicos o distópicos. ¿Cómo ofrece la escatología cristiana una visión diferente del futuro?

Testimonio público

¿Qué papel debería desempeñar la iglesia en los debates sociales más amplios sobre la IA? ¿Cómo pueden los líderes aportar perspectivas teológicas al discurso público?

Apéndice D
Tareas para involucrar a la IA
Tareas de muestra

Documento de reflexión

Escribe un ensayo breve que reflexione sobre cómo la IA afecta tu vida diaria y tu ministerio. Considera las oportunidades y tentaciones que presenta y analízalas a la luz de las Escrituras y la tradición teológica.

Auditoría de prácticas digitales

Lleva un diario de tu uso de la tecnología durante una semana. Anota la frecuencia con la que interactúas con herramientas basadas en IA (por ejemplo, motores de búsqueda, redes sociales, aplicaciones de traducción). Reflexiona sobre cómo estas prácticas influyen en tus deseos, atención y relaciones.

Análisis de estudio de caso

Examine un ejemplo específico del uso de la IA, como la vigilancia predictiva, el diagnóstico sanitario o los chatbots pastorales. Identifique las cuestiones teológicas y éticas en juego y proponga una respuesta cristiana fiel.

Ejercicio de exégesis comparativa

Seleccione un pasaje bíblico y compare su interpretación utilizando comentarios tradicionales, su propio trabajo exegético y análisis generados por IA.

Reflexione sobre las diferencias y lo que revelan sobre la revelación, la interpretación y el papel del Espíritu.

Presentación grupal

Trabajen en equipo para presentar cómo la IA está afectando un contexto global específico (por ejemplo, el trabajo en Asia, la vigilancia en África, la agricultura en Latinoamérica). Sugieran recursos teológicos para abordar los desafíos y las oportunidades en ese contexto.

Proyecto creativo

Diseñe una liturgia, un sermón o una sesión de enseñanza que aborde la IA desde una perspectiva teológica. Incluya pasajes bíblicos, oración y reflexión que ayuden a la congregación a abordar el tema con fidelidad.

Conclusión

Estas preguntas y tareas buscan generar conversación, profundizar la reflexión y fomentar la formación. Son herramientas flexibles que se adaptan a diversos contextos, siempre para ayudar a estudiantes y congregaciones a discernir el significado de la IA a la luz del evangelio y el llamado al testimonio fiel.

Apéndice E
Ejemplos de esquemas de cursos sobre IA y educación teológica

Introducción

Este apéndice ofrece sugerencias de programas de estudio y esquemas de cursos para educadores teológicos que deseen incorporar la inteligencia artificial en su enseñanza. Estos esquemas son marcos flexibles que pueden adaptarse a diferentes contextos institucionales, ya sea como cursos semestrales, intensivos de corta duración o módulos dentro de clases existentes.

Curso 1: Teología e Inteligencia Artificial (Curso Semestral)

Descripción del curso:

Este curso explora los desafíos y oportunidades teológicos que plantea la inteligencia artificial. Los estudiantes abordarán las cuestiones doctrinales, éticas y pastorales que plantea la IA y desarrollarán habilidades de discernimiento para el ministerio en un mundo digital.

Objetivos de aprendizaje:

Articular perspectivas teológicas sobre la humanidad, la creación y la tecnología.

Analizar críticamente la IA considerando la ética cristiana y la justicia social.

Desarrollar estrategias prácticas para integrar la reflexión teológica en el ministerio y el testimonio público.

Esquema semanal:
- Introducción: La teología en un mundo tecnológico
- El giro digital: de la imprenta a los algoritmos
- Antropología teológica: *Imago Dei* y la inteligencia artificial
- Revelación e interpretación en la era digital
- El pecado, la caída y la agencia de la IA
- Cristología y la Encarnación en un mundo virtual
- Escatología y esperanza más allá de las utopías tecnológicas
- Justicia, sesgo y la opción preferencial por los marginados
- Presencia, Adoración y Formación en Espacios Digitales
- La IA en la investigación y la educación teológica
- Teología pública y testimonio en la era de la IA
- Estudios de caso: IA en contextos globales
- Presentaciones de estudiantes
- Conclusión: Hacia una teología de la tecnología guiada por el Espíritu

Métodos de evaluación

Documentos de reflexión, análisis de estudios de caso, presentación grupal y proyecto final de investigación.

Curso 2: Ética, Ministerio e Inteligencia Artificial (Intensivo)

Descripción del curso:
Una exploración enfocada en cómo la IA impacta el ministerio, la atención pastoral y el testimonio de la iglesia. Diseñado como un curso intensivo de una o dos semanas.

Objetivos de aprendizaje:
Identificar los dilemas éticos que plantea la IA en contextos pastorales y congregacionales.

Discernir prácticas fieles de presencia, justicia e integridad en el ministerio digital.

Participar en un diálogo interdisciplinario sobre la IA y la sociedad.

Esquema diario (para una semana intensiva):
- Día 1: La IA y la vocación humana
- Día 2: Justicia, sesgo y márgenes
- Día 3: Ministerio y presencia en la cultura digital
- Día 4: Educación teológica e IA: oportunidades y riesgos
- Día 5: Testimonio público e imaginación profética

Métodos de evaluación:
Diario, proyecto colaborativo y ensayo integrador final.

Curso 3: IA e investigación teológica (Módulo)

Descripción del curso:
Un módulo de cuatro semanas que presenta a los estudiantes las oportunidades y los riesgos de utilizar la IA en la investigación teológica.

Objetivos de aprendizaje:
Familiarícese con las herramientas de investigación de IA y sus limitaciones.

Distinguir entre información y sabiduría en el estudio teológico.

Reflexionar sobre la integridad académica en la era de la IA.

Esquema semanal:
- Semana 1: Introducción a las herramientas de investigación de IA
- Semana 2: Riesgos de externalizar el pensamiento teológico
- Semana 3: Discernimiento y sabiduría en las prácticas de investigación
- Semana 4: Integridad, responsabilidad y el futuro de las becas

Métodos de evaluación:
Bibliografía comentada, ejercicio de exégesis comparada y breve reflexión.

Conclusión
Estos esquemas de cursos ofrecen puntos de partida para integrar la IA en los currículos teológicos. Ya sea mediante un curso completo, un módulo

intensivo o un módulo corto, los educadores teológicos pueden adaptar estos marcos para formar estudiantes con conciencia crítica, con una base espiritual sólida y preparados pastoralmente para ministrar en un mundo moldeado por la inteligencia artificial.

Apéndice F
Políticas y prácticas institucionales para seminarios en la era de la IA

Introducción

Las escuelas teológicas se enfrentan a desafíos no solo curriculares, sino también institucionales para responder a la IA. Los seminarios deben desarrollar políticas y prácticas que protejan la integridad, promuevan la justicia y fomenten la formación en la era digital. Este apéndice describe estrategias institucionales sugeridas para gestionar el uso racional de la IA.

Política institucional sobre el uso de la IA

Los seminarios deben adoptar políticas claras e integrales sobre el uso de la IA en los cursos, la investigación y la administración. Estas políticas deben especificar los usos aceptables e inaceptables, articular las consecuencias de las infracciones y ofrecer una justificación teológica basada en la integridad, la responsabilidad y la veracidad.

Desarrollo y capacitación del personal docente

Las instituciones deberían invertir en la formación continua del profesorado sobre alfabetización, pedagogía y ética en IA. Los talleres y los grupos de aprendizaje entre pares pueden capacitar al profesorado para modelar el discernimiento y guiar a los estudiantes de forma responsable. La formación también debería incluir una reflexión sobre las dimensiones espirituales y formativas de la enseñanza en contextos digitales.

Orientación y Formación Estudiantil

Los seminarios deben incorporar la alfabetización en IA y la ética en la orientación estudiantil, garantizando que los nuevos estudiantes comprendan tanto las políticas institucionales como las perspectivas teológicas sobre la tecnología. Las sesiones de formación pueden ayudar a los estudiantes a reflexionar sobre sus propias prácticas digitales y prepararlos para una participación activa a lo largo de sus estudios.

Uso transparente de la IA en la administración

Si las instituciones emplean herramientas de IA en la calificación, la admisión o la comunicación, la transparencia es esencial. Estudiantes y profesorado deben saber qué sistemas se utilizan, cómo se procesan los datos y cómo se toman las decisiones. La transparencia fomenta la confianza y modela la integridad institucional.

Estructuras de rendición de cuentas y supervisión

Los seminarios deberían establecer comités o grupos de trabajo para supervisar las políticas y prácticas de IA, revisándolas periódicamente y considerando las tecnologías emergentes. La supervisión debería incluir voces diversas (profesorado, estudiantes, administradores y colaboradores de la comunidad) para garantizar que el discernimiento se comparta.

Asociaciones globales y equidad

Las instituciones deben reconocer que la IA refleja y amplifica las desigualdades globales. Los seminarios deben colaborar con instituciones del Sur Global y comunidades marginadas, garantizando que sus perspectivas orienten las políticas y que los recursos se compartan equitativamente. Las alianzas globales encarnan la catolicidad de la Iglesia y resisten al triunfalismo tecnológico.

Compromiso con la Presencia y la Encarnación

Las prácticas institucionales deben priorizar la presencia, el culto y la comunidad encarnada, garantizando que la tecnología nunca eclipse el núcleo de la formación teológica. Incluso al utilizar plataformas digitales, los seminarios deben salvaguardar los ritmos de oración, compañerismo e imaginación sacramental.

Investigación y participación pública

Los seminarios pueden contribuir a conversaciones sociales más amplias patrocinando investigaciones, organizando foros públicos y publicando recursos sobre IA y teología. Al participar en el espacio público, las instituciones dan testimonio de la relevancia de la teología para moldear el futuro de la tecnología.

Conclusión

Al adoptar políticas claras, capacitar al profesorado, orientar al alumnado, practicar la transparencia, crear estructuras de supervisión, fomentar la solidaridad global, priorizar la presencia e involucrar al público, los seminarios pueden modelar respuestas institucionales fieles a la IA. Estas prácticas garantizan que la educación teológica no solo se adapte al cambio tecnológico, sino que también lidere con integridad, justicia y esperanza.

www.ingramcontent.com/pod-product-compliance
Lightning Source LLC
LaVergne TN
LVHW051057080426
835508LV00019B/1923